逆風を追い風に変える

諦めない力

京ろまんの失敗と教訓

はじめに

24歳で事業を始めて35年が経ちました。

現在、私が経営する「京ろまん」は、グループ4社、12事業、36店舗、従業員２４０名と、まだまだ小さな規模ではありますが、着物や写真スタジオなど、一般的には「逆風の吹く厳しい業界」といわれる領域を軸としながらも、お陰様で若い人材も集まり、毎年少しずつ成長を重ねています。

今は、彼ら彼女らと一緒に
「全てのお客様と従業員の幸せを実現すること」を経営目的として
「将来、１００の会社を創り、１００億円の利益を出せるグループにしよう」と
〝超〟前向きで〝夢〟のある経営計画を掲げて日々奮闘中です。

還暦を迎える節目に、この本を出版するご縁をいただき、あらためて人生を振り返ってみると、ある時は詐欺にあって借金まみれになり、ある時はコワモテ社長を演じ過ぎて従業員が全員去り、またある時は無謀な投資で倒産の危機に瀕し……と、まあ自分でも驚くほどの失敗の連続で、今日まで事業を続けて来られたのが不思議なくらいです。

「成功の反対は失敗じゃない。成功の反対は何もしないこと」

創業以来、多くの失敗ばかり繰り返し、いまだ「成功」したとはいえないと思いますが、これまで大きな回り道をしながらも、夢のあるビジョンを従業員と共有できるようになるまでに、私が経験したことや、そこから得たことすべてをお伝えしたいと思います。

昭和36年、私は両親とも公務員の「ごくごく普通の安定した家庭」に生まれました。お陰様で何不自由なく育ててもらい、「何の苦労も知らずに育った」という言葉がぴったったりだったと思います。特に夢や野心もない平々凡々と暮らす少年なので、「将来は？」と聞かれても「さあ？」という感じで、現在の「経営者」や「社長」という立場になることはまったく想像していませんでした。

ただ、なぜか「一番になることが好き」だったことは強く覚えています。

小学生と高校生の時、自らやりたいと言ってはじめた新聞配達や、大学生のころのお中元の配達など、さほど競争心を煽るような仕事ではないのに、「どうやったら配達成績が上がるか」を考え、「成績一番になって、もっといい配達エリアを任されたい」「もっと稼ぎたい」とばかり思っていました。

お金に困っていたわけではないのですが、なぜか「一番になりたい」「もっと稼げるようになりたい」という思いだけは人一倍強く持っていました。

高校生の時、奈良の生駒山に登り大阪の街を一望した時に、眼下に見えるビルを見て「いつか自分もあんな大きなビルを建てたい」と熱く思ったこともありました。

のちに父から聞いた話では、私の先祖は徳島出身で長宗我部家の家老もいたそうで、父の三代前までは、徳島市の旅館の経営者（初代郡善平、二代目郡全平）だったそうです。父母に加え兄も公務員という〝お堅い公務員一家〟に育った私が、ひとりだけ商売人になったのは、このご先祖様の血を引いたからなのかもしれません。

大学生になったある日、人生観を変える出来事に遭遇しました。私の乗っていた乗用車が横転し、私が車外に放り出されるという大きな事故にあったのです。しかも、地面に叩きつけられた私に乗用車が覆いかぶさるように横転し襲いかかり、気がついたら私は車の屋根の下敷きになっていました。

その場にいた友人は「郡は死んだな」と思ったそうですが、たまたま私が落ちた地面には窪みがあり、そこにスッポリと身を隠すような形になっていたため、車の下敷き状態でも私は奇跡的に顎を少し打っただけで、ほぼ無傷で助かりました。

実はこの事故の日は、祖母シズの初七日の日でした。

シズばあちゃんは、幼いころから一緒に暮らしていた私をとても可愛がってくれました。


事故の直後、私は放心状態で「一歩間違えば自分はこの世にいなかった」と、震えが止まらなかったのですが、同時に「あ、これはシズばあちゃんが守ってくれたんだな」とも直感しました。「何してるんや。まだこっちに来てはいかんよ」と言っている声が聞こえたような気がしたのです。

この日から私は、

「人はいつ死んでもおかしくない」

「だったら、いつも死んでも後悔しない生き方をしたい」

という思いを強く持つようになったのです。


ある日、兄から「営業の仕事で頑張れば稼げるいいアルバイトがあるぞ」と聞きました。

これまで配達の仕事しかしたことがなかった私には、「モノを売る営業の仕事」は初めてでしたが、完全歩合制で成績によっては大きな収入になるということに魅力を感じました。事故で車を失い、新しい車を買うためのお金が欲しかった私は、すぐにこのアルバイトを始めることにしました。

商品のことや販売方法など基本的なやり方を教わり、いざやり始めたものの、これが思った以上に大変でまったく売れません。どれだけ電話をかけても断られ続けるばかりの毎日でした。完全歩合制ですから売れなければ給料がもらえないので、私は必死にどうやったら売れるかを考えました。そして行きついた結論はいたって単純なことでした。

「売れている人の真似をしよう」です。

同じアルバイト仲間でも、売れている人がいます。その人のやり方をひたすら真似れば、同じように売れるはずだ、と。この考えは当たりました。瞬く間に私の営業成績は上がり、何度も成績トップになれたのです。そして当時の学生としては不相応な収入を得て、念願の新しい車を買うこともできました。

どんな道でもそうなのでしょうが、まずは「先人を真似る」ことから始めるのが近道なようです。今思えば、これが私にとって商売の最初の成功体験だったのかもしれません。

大学卒業と同時に私は大阪のある通販商品のメーカーに就職しました。まじめに就職活動し、何社も面接を受けたなかで、一番将来性がありそうだと思った会社に見事採用されたのです。

「さあ、これからこの会社で頑張って一番になるぞ」という決意に満ちた入社でした。ところが入社して1か月で、そんな私の決意は揺らぐことになります。

何より、初めての給与明細をもらった私は、その給料の安さに愕然としてしまいました。後で思えば大卒初任給としては当時の相場通りだったと思うのですが、学生時代に分不相応なアルバイト収入を得ていた私は、「会社員になったら、こんな給与しかもらえないのか」

と、一気にやる気を失ってしまったのです。

これに加え、寮生活で食事の支度など先輩たちのお世話をせねばならなかったのも、私には堪えました。体育会系で育った経験がなく、これまで自由気ままに生きてきた私にとって、縦社会の秩序に縛られた生活があまりに窮屈に感じられたのです。

就職して半年ほどしたある日、学生時代のアルバイトの先輩から電話が入りました。

「呉服屋を始めるから一緒にやらないか？　給料は月１００万円や」

今の会社に嫌気がさしていた私にとって、まさに渡りに船。

即答で「行きます！」と返事をし、すぐに会社を辞め、この先輩の呉服販売会社に転職したのです。


これが現在の「呉服業」に入るきっかけとなったわけですが、その動機はというと、「着物への興味」や「和文化への関心」などではなく、正直なところ「給料１００万」という餌に飛びついただけでした。

ただ、この「給料１００万円」という話は、そんな甘い話ではありませんでした。

これもアルバイト時代と同じく、自分で売上を上げなければ給料は出ない、という完全歩合制のシステムでした。「頑張れば稼げるが成果が出なかったら稼げない」という話は理解していましたが、まさか「固定給ゼロ」とは。そこまでは想定していませんでした。

とにかく電話営業を繰り返してアポイントを取って、会ってくれる人のところに着物を持って訪問することの繰り返しでした。一生懸命に頑張りましたが、なかなか買っていただくことはできず、当然、給料は貰えません。

前の仕事でやる気をなくしていたとはいえ、頑張って就職活動した末にやっと決まった会社を辞めてまで来た新しい仕事でしたので、あまりに残念な待遇に、情けないやら悲しいやら、何とも言えない気持ちになりました。

しかし冷静に考えると、「別に騙されて来た」わけではなく、「無理やり連れて来られた」わけでもありません。「すべて自分で決めたことだ」と思えば、落ちこんでいても仕方ないのです。とにかくやれるところまでやろうと決意した私は、ただひたすら一生懸命に営業活動を続けました。

数か月の努力の結果、私は本当に給料100万円を手にすることができました。

先輩の言ったことはまんざら嘘でもなかったのです。

入社1年が経ったころ、この会社の社長が突然「大阪で商売するのはやめて、これからは東京に進出するぞ」と言い出しました。社員たちにとっては青天の霹靂です。

特に、根っからの関西人で関西大好き人間の私は東京に行く気などまったくありません。

でも、せっかくうまくいき始めた呉服販売の仕事をやめたくもありません。

私は、同じように関西に残りたいと言った社員3人と一緒に「自分たちで着物の商売を始めよう」と決心したのです。

お世話になっていた呉服問屋さんに事情を説明すると「郡くんならば」と言ってくださり、今後も商品を提供していただけることになりました。そして、これまで稼いだ貯金を元手に、自分で商売を始めることにしました。

これが「京ろまん」のスタートになったのです。

諦めない力

京ろまんグループ 代表
郡 史朗

第1章 社長形成期の失敗と教訓

教訓 1

社長形成期

おいしい話ほど金利は高い

1985年、24歳。

呉服業をスタートして間もないころ、前の会社の社長の知り合いで前のオフィスによく遊びに来ていた男性が私の元を訪ねてきました。実は私はその方がどういった方なのか詳しくは知らなかったのですが、私が会社を始めたということを聞いたようでお祝いも兼ねて会いに来てくれたのです。その方は年齢60歳くらいで身なりのしっかりとした凄みのある紳士（以降A氏と呼びます）といった印象でした。世間話や会社の状況などいろいろと聞かれましたので、正直に答えていました。どなたか紹介していただけるのではないかといった淡い期待もあり、現状を包み隠さずお話ししました。まだ株式会社にはしていないこともお話ししたところ、「税金など優遇されることも多いから絶対に株式会社にした方がいい」とアドバイスをいただきました。「お金がないなら私が200万円出資してあげるからそうしなさい」とおっしゃってくださいました。

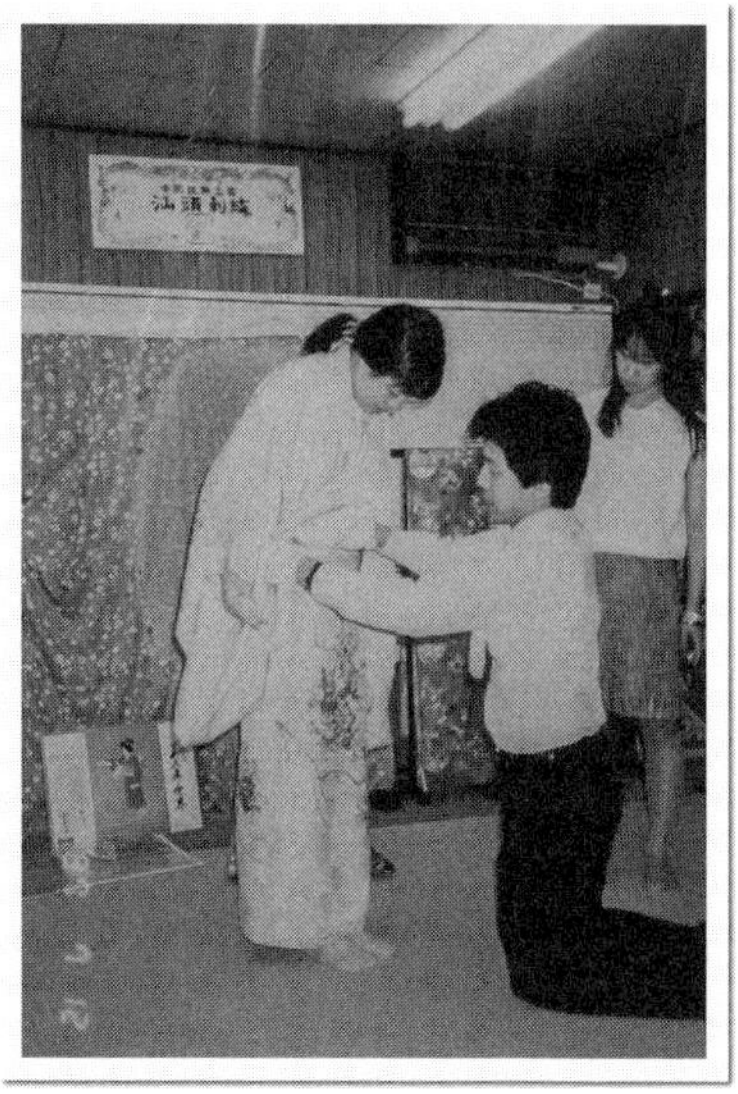

京都で創業。とにかくチャレンジあるのみ。

当時、まだスタートしたばかりの会社だったので、売上も少なく、お金のなかった私にとっては、渡りに船のとてもありがたいお話でした。さらに、A氏は、「お金は出すが経営には口は出さないから自由におやりなさい」と言ってくださり、なんて良い人だろうと思いました。ただし、出資する代わりに役員として報酬が欲しいという条件はありましたが、200万円も出してくれるわけですからいろいろと助けてくれるのだろうと思い、すぐにお受けしました。そして、ほどなくして株式会社を設立。これからA氏の協力のもと、会社はどんどん大きくなっていくだろうと期待に胸を膨らませていました。

しかし、会社設立から1か月……、2か月……、3か月……。役員報酬はしっかり受け取るのですが、会社には一度も来られません。「何かおかしいぞ」と私は思うようになりました。そのうちに、「通帳はあんた、印鑑はワシが持つ」と言い出し、さらに疑念は強くなっていきました。そこからは堰を切ったようにA氏のやりたい放題が始まりました。北新地などでの飲み食いの領収書がたくさん回ってきたり、意見の違いがあった時には、凄味を利かして従わせようとしてくるようになりました。それでも出資してもらった手前、強くも言えず、そのうちに何かしてくれるだろうと自分に言い聞かせて日々を過ごしていました。

ある時、A氏にも同行してもらい、東京出張に出かけました。出張ではA氏が予約していたホテルの広い部屋で同部屋になりました。東京での仕事が終わり、部屋に戻り、A氏が先にシャワーを浴びることになりました。何気なくシャワールームに目を向けると、A氏の後ろ姿がぼんやりとガラス越しに映り、背中に何か黒い模様のようなものが見えました。シャワールームから出てきたA氏の背中には、昇り龍の刺青が入っていたのです。私は気がつかないふりをしていましたが、内心、穏やかではいられず、動揺を隠すのに必死でした。その日は疲れていたにもかかわらずうまく眠ることができず、とにかくA氏とは縁を切ろうと決意しました。

結局、Ａ氏と別れるための手切れ金５００万円が必要になり、借金をして支払いました。会社設立からこれまでの経費を含めると約９００万円の損害になり、高い金利（勉強料）を払うことになりました。

世の中にうまい話はそうそうありません。簡単に出資してくれることなどないのです。親しい間柄でさえもトラブルはあるもの。たいして親しくもない、素性もわからない人からのうまい話には絶対に裏があるのです。

創業時の店舗。
京ろまんはここから始まった。

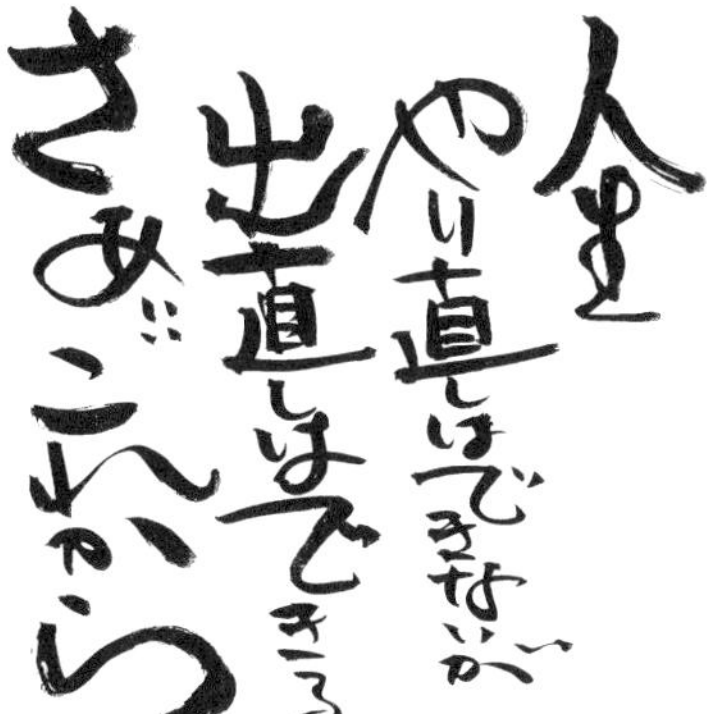

教訓 2

社長形成期

他人のコピーでは成功できない

1986年、25歳。

大阪市東区（現中央区）に、現在の「株式会社京ろまん」を資本金500万円で設立。前年に自分の認識の甘さから散々な目に遭ってしまいましたが、立ち止まるわけにはいきません。従業員約8名とともに奔走する毎日が続いていました。この時は、大阪の営業所と京都の店の2拠点で事業を展開していたため、始めたばかりで経費も必要で、常にイライラしどうしでした。

このころ、高校時代からの親友が勤める会社へ遊びに行く機会がありました。その会社はカラオケの販売をしている会社でした。そこで、社長を紹介され、話をうかがうことができ、その行動力やリーダーシップにとても感動しました。そのころは、社長とはどのように振る舞えばいいのか、どのような社長像がベストなのか、悩んでいた時期でもあり、余計に感心してしまったのかもしれません。その社長は社員に対してとても厳しい方で、見るからに体育会系のボスマネージメントの強い人でした。実際、私の目の前でも社員に檄を飛ばし、たまたまミスをした社員を大声で叱りつけていました。そのころの私といえば、どちらかというと皆と一緒に楽しんで仕事をするタイプの社長だったので、社員を強く叱るなどしたこともなく、もしかしたら自分は社員に対して甘すぎるからダメなのではないかと考えました。

「やはり社長は厳しく強い者でなくてはならない」「右向け右」「黒と言ったら白でも黒だ」といった強い統率力のある社長に感化された私は、翌日の朝礼で即実行に移しました。これまでの「おちゃらけ系の社長」ではなく「バリバリの体育会系の社長」になり、朝礼に臨んだのです。まずは私の方から社員に檄を飛ばし、皆をにらみつけました。社員は私の突然の豹変に戸惑ったに違いありません。続いて、社員からの報告に、不機嫌さを隠すことなく苛立ちながら対応しました。若気の至りとはいえ、今考えると恥ずかしい限りですが、この時は、「社長はなめられたらおしまいだ」と自分に言い聞かせ、社員に対峙していたのかもしれません。そして、営業成績の悪い社員に対しては、「何でそんなこともできないんだ！」と怒鳴りつけ、目の前にあった灰皿をその社員に目がけて投げつけました。この日から私は社員に対して人が変わったような振る舞いをするようになったのです。

しかし、私の社長像は間違いだったことをすぐに知ることになります。朝礼を行った翌々日、社員の半分が辞表を出して会社を去っていったのです。

そのころの私はどういう社長になるべきかわかりませんでした。「体育会系の社長でなければ会社はうまくいかない、社長像は体育会系であるべし」周りをただただ見ていただけの私はそう思ったのです。

しかし、私の性格は根本的に「体育会系社長」ではないということに気づきました。そもそも社員スタッフと仲良く楽しく会社を経営してきた自分を「社員になめられている」と言う人もいましたが、そこで「自分は自分でしかない」ということをはっきりと自覚しました。自分らしさを忘れずに、自分を向上させることが大事だったのです。

「成功した人をコピーすることでうまくいく」なんてあり得ないということもわかりました。本来の自分を正直に出した形での経営を行っていかないといつか無理が生じ、長く続かないと勉強しました。

Q　朝起きてまず何をする?
「**風呂に入ります**」

目を覚まし、スッキリして会社に行きたいからなぁ。

Q　毎日必ず行う日課にしていることは?
「**運動**（腕立て・腹筋その他、ゴルフのスイングなど）」

サボる時もありますが……。

郡史朗へ
“日常”的な質問

Q　健康のためにしていることは?
「**朝の運動と健康サプリを飲むこと**」

いやなことは寝てすぐに忘れて、ストレスを溜めない。

Q　平均睡眠時間は何時間?
「**5時間くらい**」

Q　ストレス発散には何をする?
「**たまっている仕事をすべてやり切る、映画を観る**」

Q　まる1日、休みがあったら何をする?
「**映画を観るか寝るくらい**」

Q　大好物は?
「**カレーライス**」

Q　好きな飲み物は?
「**生ビール**」

仕事のあとの1杯が最高!

Q　好きな寿司ネタは?
「**イカ**」

なんか、うまいねん。

Q　好きなスポーツは?
「**ゴルフ**」

20年、ヘタですがやめられない!

Q　国内で行ってみたいところは?
「**久米島・ハテの浜**」

「東洋一の美しさ」と呼ばれる砂浜を見てみたい。

Q　海外旅行に行くならどこに行きたい?
「**オーストラリア、タイ**」

オーストラリアは自然がきれいだし、南十字星を見たいから。タイのマッサージは安くてうまい（笑）

Q　親しい（知り合いの）有名人は?
「**菅田**（将暉）**パパです**（**笑**）」

教訓3

社長形成期

顧客心理を無視した店は自己満足で終わる

1987年、26歳。

ある時、私はグッドアイデアを思いつきました。当時、大阪の営業所は本町にあり、本町はさまざまな企業のビルが立ち並ぶオフィス街で、ビジネススーツを着たサラリーマンやOLの方をよく見かけました。ある日突然、いつものようにOLの人が歩いているのを見て、「この場所で会員制の呉服店を始めれば絶対にウワサになる！　着付けもして、レンタルもすれば、きっと流行るはず！」と思いついたのです。

思いついたら即行動！　内装業者にすぐに連絡し、これまで営業所だった室内をリフォーム。片側全面を鏡張りにし、クロスを張り替え、照明も交換し、商品ディスプレイも並べ、小汚い営業所はおしゃれな店舗に生まれ変わり、この店を「きもの倶楽部　遊（ゆう）」と名づけました。

店舗のリフォームも終わり、店の開店に向けてチラシも制作しました。店舗開店の3日前から本町の駅前に着物を着た女性4、5人を配置し、早朝からチラシを配りました。通勤途中の人たちは、オフィス街では異質の、着物を着た女性の出現に皆さん驚いていました。何事が起こったのかと、こぞってチラシを受け取って見てくれていました。予想以上の反応に私の心はワクワクし、オープン当日に期待しました。

そして迎えたオープン初日。

準備万端でお客様を待っていましたが、店には誰も入ってきません。次の日も、その次の日も、お客様がやってくることはありませんでした。問い合わせの電話は何件かありましたが、それだけです。

オープンから1週間経ち、さらに2週間が経ち、結局誰も来ませんでした。店がマンションの4階にあり、入りにくいことも理由のひとつだったかもしれませんが、またも私の思いつきは大きく外れてしまったのです。絶対にイケると思って始めたことでしたが、最終的にお金が回らなくなり、店を閉め、大阪を撤退することになってしまいました。

奇抜なアイデアが、必ずしも人を惹きつけるとは限りません。

店をオープンさせる時というのは、得てして自分の意見は正しいと思ってしまいがちです。むしろ正しいと思おうとしてしまう自分がいて、どんどんと自分だけで盛り上がってしまうという落とし穴があります。

その状態では、お客様を不在で考えてしまうことがほとんどです。そのアイデアが少々変わっていて面白いとか、話題性があったとしても、冷静にお客様と向き合わないと商売は成り立ちません。

思いつきで成功する場合もあるかもしれないし、お客様不在の自己満足的なアイデアで一時的に話題を巻き起こすこともあるかもしれません。しかし、そもそも顧客心理をとらえていなければ、それまでです。

グッドアイデアだと思ったこの出店は、そのことを思い知らされた出来事でした。

Q　座右の銘は？
「**いつも笑顔で命がけ。**
万事困難は己の心中にあり。
人は城なり（父の遺言）。
成せば成る（母の遺言）」

Q　尊敬する経営者は？
「**安田隆夫氏（ドン・キホーテ創業会長）**」

ゼロから独自路線で業態を作り上げ、安定成長されておられるから。

郡史朗へ “仕事・信条”的な質問

Q　なぜ呉服（着物）だったのか？
「**私もわからない**」

たまたま、着物の会社をするから手伝ってと言われたからなぁ。

Q　自身にとって着物とは？
「**私の人生のパートナー**」

Q　どんな着物の着こなしが好き？
「**人から『かっこいい』と憧れてもらえる着姿ができる着物**」

Q　今、気になっているビジネスは？
「**京ろまんモールで多角化事業、ライブコマース**」

Q　好きな漢字1文字は？
「**笑**」

Q　一番大切な宝物は？
「**私の周りの人すべて**」

Q　心の支えとは？
「**私の周りの人すべて**」

Q　この先の夢は？
「**私にかかわった人の夢を実現できる人になりたい**」

教訓 4

社長形成期

他力本願では足元をすくわれる

1988年、26歳。

私はどん底にいました。2店舗あった営業所は、京都の1店舗だけになり、従業員も2名だけになっていました。なんとか今の状況を脱却したいと、仲間売り(卸売商同士の取引)のようなこともしていましたが、それもうまくはいかず、いつも何か儲かることはないかと、それればかりを考えていました。

ある日、私の友人が脱サラをし、美容院向けの商品販売を始めました。私も何かうまい話に乗れないかと、友人の元を訪ねたところ、その取引先のひとつから「着物を売りたい」という話がありました。それは代理店システムで組織的な販売をするというものでした。

以前にほかの商品を商材にして同じようなシステムで成功したB氏が、絶対に着物でも成功するというので、私は儲けさせてもらえるならと了承し、B氏が中心となって新たなプロジェクトがスタート。京ろまんとしての新しい商売の方法が始まりました。

最初のうちは順調に進み、このままうまくいくように思いましたが、売れれば売れるほど人件費は上がり、商品が売れても京ろまんの利益はほとんど残らないことに気がつきました。実は、私はB氏に任せすぎて、そもそもこのシステムをあまり理解せずにスタートしていたのです。

さらに、利益が出ないことに加え、クレームばかりがくるようになり、このままでは会社の評判だけが下がり、この状況は危ないと感じるようになりました。

このプロジェクトの中心となっている京ろまんの担当者に撤退を指示しましたが、すでにその社員はB氏に洗脳されていて、聞く耳をまったく持たず、ほどなくしてその社員は会社を辞めて、B氏と別会社を設立しました。半年ほど経ってその会社は倒産し、借金が膨らみ、夜逃げしたという話を後日聞きました。社員には申し訳なかったのですが、早く手を引いて良かったと思いました。

この出来事で、後先考えずに儲け主義を進めるとまともな商売はできないし、足元をすくわれ、破滅へと突き進んでしまう。またそれ以上に、この時のように「人を頼みにして進める商売」つまり「あの人がそう言っているから」とか「あの人ならちゃんとやってくれるだろう」といった他力本願的な商売のやり方は危険極まりないのだということを実感したのでした。

その後、そんな会社の状況を見ていたもうひとりの社員も、将来を考え退職していきました。とうとう私はひとりになってしまったのです。

そのころから年に数回日記をつけるようになりました。

最初のページは1989(平成元)年5月19日「**2月いっぱいで社員はひとりもいなくなった**」が出だしの日記でした。

Q　特技は？
「みんなの前で話すこと、みんなのモチベーションを上げること」

郡史朗へ

“自己分析”的な質問

Q　趣味は？
興味のあることは？
マイブームは？
「仕事。具体的には……
●京ろまんモールを立ち上げること
●事業計画を成功させること
●創社（分社）**を 100 社創り、私がいなくてもグループが発展し続ける仕組みを作り上げること」**

ごめんなさい。今はこれしか興味がないんです！

Q　自分自身の体または性格で好きなところは？
「楽観的なところ、すぐチャレンジするところ、素直なところ、諦めないところ」

Q　自分自身、変だなと思うところは？
「仕事が好きすぎるところ」

Q　自分が他人にこれだけは負けないと思うことは？
「壁が大きいほど燃える、絶対に諦めない」

Q　もしも願いがひとつ叶うなら何？
「仕事の成功＝仲間・家族の幸せ」

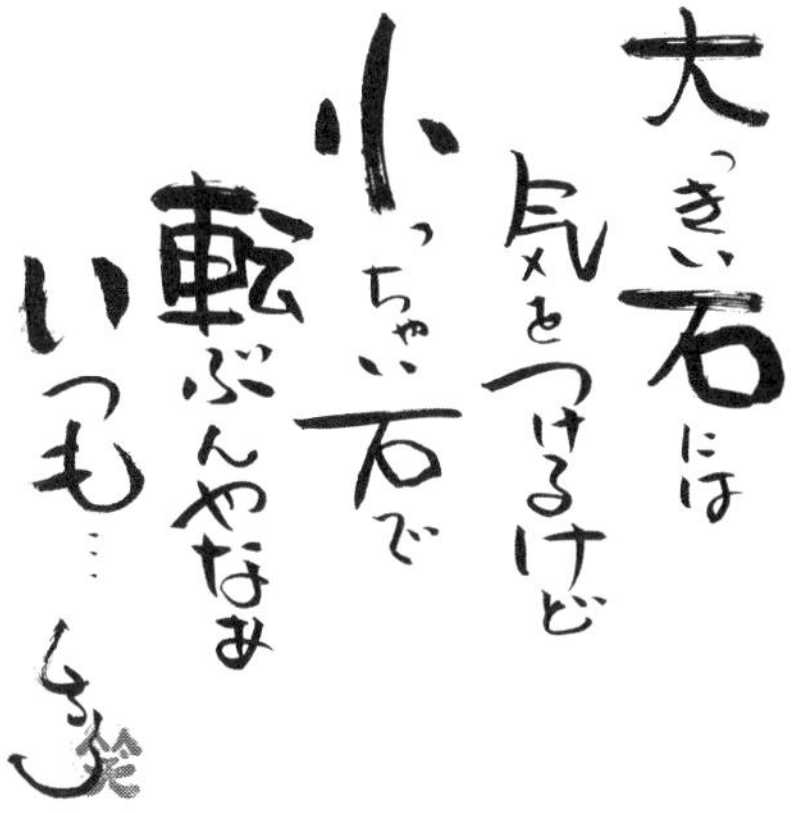

大っきい石には
気をつけるけど
小っちゃい石で
転ぶんやなあ
いつも……

教訓 5

社長形成期

身の丈に合わない商売は成功率が低い

1988年、27歳。

また、妻と一からスタートすることにしました。気持ちを切り替え、市役所勤めをしていた母親の勧めもあり、市や公立病院の指定業者の資格を取得し、市役所や病院内の売店横で商品を展示販売するという方法で新規顧客を開拓していきました。公的な場所での販売は信用を得ることもできますし、知り合いも増えていきますので、とにかくコツコツと地道な活動を続けていました。

そんななか、私の友人が大阪府吹田市でコンピュータ関連の会社を経営していたのですが、その会社の女性社員の方が色無地（さまざまな場面でお使いいただける着物）が欲しいとのことで、会社を訪ねたことがありました。友人の会社は、4階建てビルの全フロアを借り切り、社員は20数名。コンピュータソフトウェアの開発事業を行い、主にオーストラリアにある会社と取り引きをしていました。外国人の社員も雇い、デスクにはコンピュータ関連の書類や英文の書類が載っていました。当時の私にとって、それは未知の世界であり、憧れでしかありませんでした。

別の日、たまたま友人の会社にお邪魔していた時、オーストラリアから来ていたオーストラリア人の社長Cさんが私の反物を見て感激し、「ぜひオーストラリアで着物のファッションショーをしたい」とおっしゃいました。私はその場で、「それなら二部式の着物の販売を兼ねてファッションショーをしてみてはいかがでしょうか」と提案しました。二部式の着物とは上下が分かれ、だれでも簡単に着ることのできる着物です。社長Cさんは、「ナイスアイデア！」と即決し、旅費などもこちらで払うと言ってくださいました。

願ってもない話に私は興奮し、すぐに準備に取りかかりました。そして、二部式の着物の見本を50着用意し、オーストラリアに持って行くことにしました。当時、まだ海外進出なんて考えたこともなかった私は夢見心地で、予想もしなかった展開に、ただただ興奮していました。

オーストラリアに到着すると、オーストラリア人社長Cさんと関係者の方が出迎えてくれました。すぐに着物のファッションショーについての打ち合わせをすると思っていましたが、社長Cさんに知り合いの社長Dさんを紹介されました。

社長Dさんは、唐突にオーストラリア産の牡蠣について話を始めました。「オーストラリアは日本と季節が反対なので、オーストラリア産の牡蠣を日本へ輸入すれば日本の人は夏場に牡蠣が食べられる。一緒にこのビジネスをしないか？」というものでした。

初めてのオーストラリアに舞い上がり、浮かれていた私は深く考えずに、「いいですね！やりましょう！」と即決してしまいました。社長CさんもDさんも喜び、「それなら牡蠣が獲れる現場を見に行きましょう！」と言われました。すぐに飛行場に向かい、先方の会社の自家用セスナで約2時間かけて、牡蠣の産地であるコフズ・ハーバーのカランリバーに向かいました。現地に着くとなぜか会議室に案内され、上座に座らされました。会議室にはオーストラリア人の役員約20名がおり、社長Dさんのスピーチで私は紹介されました。盛大な拍手に迎えられ、私は出席者全員の注目の的でした。

英語がわからない私には現地の通訳の方も同行していましたが、その場の雰囲気にのまれてしまい、ろくに通訳に確認もせずに、相手から何を聞かれても「YES！」と答えていました。「YES！」と答えるたびに盛大な拍手で受け入れられ、気をよくしてしまい、この時の私には「NO！」という言葉はありませんでした。

話は具体的な内容に進み、ホワイトボードには奇妙な棒グラフと数字が並んでいました。2月は20万、3月は30万、4月は45万……。この数字に嫌な予感がした私は通訳に尋ねました。通訳は「この数字は日本側の出資金額です」と答えました。

私は一瞬にして顔が青ざめました。当時、1オーストラリアドルは約100円。20万は2千万円、30万は3千万円、45万は4千500万円。毎月どんどん数字が増えていく計画でした。実は共同事業のための出資総額約10億円の月ごとの出資金を示したグラフだったのです。

この時、私はこれまでのVIP扱いの理由がわかりました。

あとから聞いたことですが、オーストラリア人社長Cさんは、日本の着物は1枚約100万円で、ほとんどの日本人は着物を100枚くらい持っていると思っていたようです。そんな高価な着物を販売している私のことをかなりの資産家だと勘違いしたのです。

すべてに気づいた時はもう遅く、私はオーストラリアの砂漠に生き埋めにされるのを覚悟して、「NO　MONEY……」と言いました。

「一瞬にして凍りついた」その時の場の空気を今も忘れることができません。会議はドッチラケ。休みを返上して役員が集まっていた会議はその言葉で終了しました。私はただ恐縮し、謝ることしかできませんでした。その態度に同情してくれたのか、シドニーまでなんとか送ってもらえました。

私はひと言も資産家だなんて言っていませんが、自分の浅はかさを反省しました。

その2日後、オーストラリア人社長Dさんから連絡がありました。日本側とオーストラリア側で別会社を作らないかというものでした。私たちのする仕事は受け口の会社を探し、市場に流すという役割でした。オーストラリアまで来て、このまま手ぶらでは帰れないという気持ちもあり、帰国後に「京ろまん貿易事業部」を立ち上げたのです。

貿易事業部とは名ばかりで、私はただひとり、とにかく輸入のことに関して必死に勉強し、牡蠣を扱うので保健所に行ったり、船会社に足を運んだり、パッケージの技術がある会社に行ったり、準備を進めました。

それから3か月後、本来の目的であるファッションショーと牡蠣の打ち合わせのため、

教訓 5

身の丈に合わない商売は
成功率が低い

オーストラリアで着物ショーの話から牡蠣輸入の話へ。先方倒産で泡と消える。

再びオーストラリアに出張しました。帰国してからも毎日のようにオーストラリアとファクスのやりとりが1年ほど続き、その間、英会話やビジネス英語の勉強も続けました。そして、日本の輸入の窓口も確保し、市場への流通の目途もたち、あとは事業開始を待つばかりというところまでこぎつけました。

ところが、毎日のように来ていたオーストラリアからのファクスがある日突然、届かなくなりました。オーストラリア人社長Dさんの会社は倒産。そもそも牡蠣の冷凍技術がないことも判明しました。預けていた二部式の着物も戻らず、1年がかりの準備は水の泡。これまでの努力と時間はすべて無駄になってしまいました。

オーストラリアとのビジネスがなくなり、かなりショックも大きかったですが、社員もいなかったこともあり、これをきっかけに仕事の拠点を京都から奈良に移すことにしました。奈良は自分の地元、土地勘もあり、人脈もあります。私はここでやりなおそう、私の次のステージはこの奈良でスタートしようと決めたのです。

Q　血液型は？
「**O 型**」

Q　星座は？
「**牡羊座**」

Q　好きな曲は？
「**心を癒してくれる曲**」

郡史朗へ
“プロフィール”的な質問

Q　好きなアーティスト（ミュージシャン）は？
「**サザンオールスターズ**」

40 年前の曲も古さを感じさせないし、みんな仲良さそうなところが素敵。

Q　カラオケの十八番は？
「**玉置浩二の歌かなぁ**」

Q　好きなお笑い芸人は？
「**サンドウィッチマン、ジャルジャル、ペコパ**」

なんか面白いねん。

Q　好きな俳優・女優は？
「**菅田将暉**」

身近でこれほどまでに有名になった人はいないから。

Q　好きな（記憶・心に残る）映画は？
「**トップガン**」

創業時に、この映画を自分のシアタールームで観られるようになりたいと思っていました。

Q　好きな動物は？
「**犬**」

父が好きで、小さいころいつも 3 ～ 4 匹と一緒に暮らしていました。

Q　好きな場所は？
「**私の会社のデスク**」

Q　好きな色は？
「**白**」

Q　好きなスポーツブランドは？
「**ゴルフのパーリーゲイツくらい**」

Q　いつか乗ってみたい車種は？
「**ロールス・ロイスの後部座席**（笑）」

Q　部活動は何してた？
「**中学時代は陸上部、高校時代はギター部**」

Q　少年のころの夢は？
「**何になりたいとかは特になく、アルバイトがしたかった**」

教訓 6
社長形成期

詐欺にあうのは隙があるから

教訓 7
社長形成期

バカは死ななきゃ直らない

1990年、29歳。

着物のお客様で一級建築士の先生E氏がいらっしゃいました。E氏は公団の設計・施工を中心に数多くの仕事を手がけていて、いつも羽振りが良さそうでした。自らの建築事務所のほかに、移動事務所（事務所機能を備えたワゴン車）も所有し、毎日忙しそうにしていらっしゃいました。E氏にはとても高価な大島紬一式を購入していただいたり、E氏の事務所の女性事務員に振袖を勧めてくれたり、いろいろとよくしていただいていました。

ある日、電話が鳴り、出てみると電話の相手はE氏でした。E氏は「急なお願いで申し訳ないが……」と話し始めました。E氏は「今、吉野にいるのだけど、事務所の女の子が休みで頼めない……。今日中に○○の口座に100万円振り込まなければいけなくて、明日必ず返すから代わりにお金を振り込んでもらえないだろうか」というものでした。電話がかかってきた時間は14時30分過ぎ。銀行の窓口が閉まるまであとわずか。考える間もなく私は自分の取引銀行に電話をして、急いで振り込みを完了させました。いつもお世話になり、今後もいろいろとお願いすることもあると思ったので考えることもありませんでした。

夕方、E氏から連絡があり、「ありがとう。本当に助かった。明日、お金を返すから事務所に取りに来てほしい」というものでした。翌日、事務所に伺うと、100万円と金利として3万円を私に差し出してきました。私は、金利は受け取れないと断り、100万円だけ返してもらいました。E氏は私の計らいに大変喜び、感激していました。

それから2、3日後、またE氏から事務所に来てほしいと電話がありました。事務所を訪ねると、「郡くんには助けられました。その恩返しというわけではないけど、いい話があるので今日は来てもらったんや」と話されました。「私は君も知っての通り、公共の仕事を中心にしているのでいろいろな情報が入ってくる。たしか郡くんは店を出したいと言っていたよね。実はそれにぴったりの土地があるんだ。だいたい坪80万円する土地だが、売り出し前なので今なら40万円以下で手に入る。ただし来年3月までは名義変更はできないがどうだろうか？　今は手付金で押さえているので、もしその気があるならどうかな？　郡くんがいらないなら他に回そうと思っているが……」

私は、「そんなこと突然言われても……」と躊躇しましたが、E氏は「前々から京大時代の友人に郡くんに協力してやってくれと言われていたから、いい話だから持ってきたんだ。1００万円の件でも助けられたしね。とにかく、もしこの土地が欲しいなら、今日その手付金5００万円が必要で、3００万円は私が出すから郡くんは2００万円用意すればいいから。それでも心配だろうから2００万円は私の会社の手形で保証するからどうする？」と尋ねられました。

正直よくわからない話だったのですが、私は真剣に考えました。場所はたしかにいい場所なのでE氏が保証してくれるならいいかなとも思いました。ただ、これまでも急な話でゆっくり考える暇もなく決断しては失敗を繰り返してきたので悩みました。それでもバブル時代、儲けている人を横目で見ながら損ばかりしてきた私にとって、やっと巡ってきた大きなチャンスにも思えました。しかし、やはりここは慎重に、せめて1日考えさせてほしいと伝えました。するとE氏は、「この土地が欲しいのか？　欲しくないのか？　どっちなんだ？」と私に今すぐの決断を迫ってきました。私はE氏の迫力に圧倒され、気がつくと「欲しい」と答えていたのです。E氏からは「極秘情報なので、この話は絶対に誰にも話すな」と念押しもされました。

こうして「欲しい」のひと言から私の悲劇は始まりました。

最初は200万円だけでいいと言っていたものが、さらに300万円、さらに500万円と、同じ手口で約3か月の間に2千万円くらい渡してしまいました。お金の出どころは、売上金をそのまま渡したり、カードローンで借りたりして工面していました。最後にはE氏に知り合いからお金を借りる方法を伝授してもらい、その通りに実行したこともありました。2千万円を超えたころから、これはおかしいと思い始めましたが、もう後へは引けませんでした。さらに、今度はE氏の会社が危ないと言われ、不渡りを出したら今までの話がパーになると脅され、それはえらいことだと、結局、半年間で合計約3千500万円を預ける羽目になってしまいました。

当時、会社の売り上げが、年間2～3千万円しかなかった私にとって、借金はこれまでのものと合わせると軽く5千万円を超えていました。収入も減少するなか、借金が膨れ上がっていることは、自分の中だけにおさめ、誰にも言えませんでした。「もしこれがすべてダメになったらどうなるのか」ただただその心配をするばかりの毎日でした。

そして、忘れもしない1991（平成3）年3月27日（晴れ）。

この日は手形が落ち、出資したお金が戻り、土地の契約をする日でした。

私は約束の時間に会社に向かいました。E氏とは2週間くらいコンタクトを取っていなかったので、本当に大丈夫だろうかと気にしていました。会社に着くと、10名ほどいた社員は誰もおらず、いるのは専務ひとりだけでした。

社員の代わりにいたのは、30人ほどの困った顔をした人たちでした。なかにはカタギではないような怖い顔つきの人もいました。実は専務以外はすべて債権者で、泣いている人、怒鳴っている人、物色している人、全員同じ時期に同じ手口でだまされた人たちでした。それはまさに悪夢の光景で、２００万円だまされた人もいれば、６千万円の人、土地を取られた人、ロールス・ロイスを取られたカーディーラーもいました。それはもうひどい有様で、社員であった専務も７００万円くらいだまされ、どうしようもない状態でした。

この時、実は私はある程度の覚悟はしていました。あやしいとは薄々感じていましたので、この状況に怒りや悔しさよりも、「これでやっと終わった」という脱力感のみが全身を覆っていったような気がします。

方々からお金を借りたり、誰にも相談せずにいましたので、精神的に自分自身がおかしくなっていました。最悪のエンディングでした。長い間ずっと張りつめていた緊張の糸が解け、この先のことは考えられずに、とにかくゆっくり眠りたいと思ったことを覚えています。

家に帰り、今までのことを妻に話しました。妻は最初のうちは深刻な顔をしていましたが、最後には「残念やったなぁ」と励ましてくれました。妻は長女を妊娠していましたので、今後家族を抱え、これからどうしていくかを決めなくてはなりませんでした。自分の商売センスのなさに呆れかえり、あまりにも甘い考えだったからこんな事件に巻き込まれてしまったのだと心より深く反省しました。でも、落ち込んでいる場合じゃないとも思いました。この先、商売から足を洗って会社員になることも考えましたが、借金の返済に一生かかることを思えば、もう一度商売をやるしかない、やり直したいと心の底から思いました。

そして決断したのです。

私は実家に帰り、父親に土下座しました。生まれて初めての土下座でした。「1千万円借りる保証人になってほしい」と涙ながらに頭を床にこすりつけながらお願いしました。そして、今の気持ちを正直に話しました。

「私が立ち直るためには本当の商売をする以外にない」
「今までみたいに中途半端な形でフラフラしていたのが今回の原因だった」
「私には着物で勝負するしかない」

父親は私の決意を受け入れてくれて、1千万円の保証人になってくれました。私はそのお金を元手に、生まれ故郷の奈良に新たに呉服の店（以前の本店「鹿の台本店」）を開くことができました。父親には本当に心配をかけ、感謝しても感謝しきれません。

私をだましたE氏は3か月後、総額3億5千万円の大がかりな詐欺事件の主犯として、中国地方で逮捕されました。

後にわかったことですが、E氏は一級建築士でもなんでもなく、会社は営業実態もなく詐欺のためのペーパーカンパニーでした。私が出資したお金は今も1円も戻っていません。

詐欺にあうのはやはり隙があるからです。自分の目標を持たずに、となりの青い芝生ばかり見ていても、結局は得することなどひとつもありません。

バカは死ななきゃ直らないと言いますが、バカな私は一度、商売人として死んだのかもしれません。

教訓8
社長形成期

できると信じてやることは必ず成功する

教訓9
社長形成期

「変わるんじゃない、変えるんだ」

1993年、32歳。

奈良本店をオープンして2年が経過していました。少しずつではありますが、年商も年々伸びていました。それでも相変わらずの借金苦は続き、このころにいた3、4人の従業員の給与、仕入れ先の支払に苦労していました。

教訓　8・9

できると信じてやることは必ず成功する
「変わるんじゃない、変えるんだ」

そんな日々のなか、ある時に見たテレビドラマに勇気づけられたことを覚えています。それは、的場浩司主演の『代紋ＴＡＫＥ２』というドラマで、後にビデオ化された作品です。的場さんはケンカであっけなく死んでしまうのですが、10年前にタイムスリップして生き返り、そこから二度目の人生をやり直すといった内容でした。

このドラマの中で忘れられない印象的なシーンがありました。それはこのようなシーンでした。生き返った的場さんは当時の恋人と対面し、

的場「俺、人生をやり直そうと思っているんだ」
恋人「やり直す？　変われるといいね」
的場「変わるんじゃない、変えるんだ」

私はこの短いシーンにとても感動しました。

本店をオープンして2年が過ぎ、周囲には「本気だ、努力している」と言っていながらも、自分に言い訳をして、嘘をついて、ごまかして、どこかで怠けていたのです。このままで

はまた同じことの繰り返しだと気づかせてくれたのが、この作品の1シーンだったのです。私はこのビデオを毎日、見続けました。来る日も来る日も、繰り返し繰り返し、文字通りビデオテープが擦り切れるほど見続けました。

当時、このドラマを見た私にも「もう一度やり直したい」という気持ちが強くありました。24歳の時、ご縁があり着物の商売を始めましたが、思うようにうまくいかずにとうとう借金まみれになってしまいました。周りの人たちにもたくさん迷惑をかけて、なんでこんなことになってしまったのかと後悔し、もう一度やり直したいと思っていました。その時の私の心境にハマったのがこのドラマだったと思います。

思い返してみれば、私はずっと他力本願で商売を続けていました。事業も、社長業も、自分から行動することもなく、人の話を聞いて行動していました。独立して会社を設立した時に出資してもらい失敗した時も、オーストラリアの牡蠣の事業の時も、偽の建築士に騙された時も、持ち込まれた話に乗るだけで、自分から動いて何かを決めるということをしていませんでした。これはすべて自分に自信がなかったことが原因で、自信のなさが商売の失敗を生んできたのです。

「俺、人生をやり直そうと思っているんだ」
「変わるんじゃない、変えるんだ」

私はこのビデオを毎日見続けることで自分を奮い立たせていたのかもしれません。

とはいえ、事態はたいして進展していません。それどころか、2千万円一括返済の期限が迫り、お金の工面をどうしようか、これまでだましだまし商売を続けてきましたが、いよいよ万策尽きるのかと悩んでいたところでした。

そんななか、大阪の呉服問屋の田中種株式会社様から1枚のDMハガキが送られてきました。

そのハガキには、なんと「1回の催事で年商の半分くらいの売上を上げられる」という衝撃的な謳い文句が書かれていました。そのやり方は、創業の御礼としてお客様の自宅を訪問し、その後着物の展示会を開くというものでした。

このハガキを見た私は藁にもすがる思いで、「すぐにやらせてほしい」と伝えるため、その問屋さんに走りました。

後のない私はこのセールにすべてをかけました。もしもダメだったら死ぬか夜逃げするしかないというところまで追い込まれていたので、ほかには選択肢はありません。「死ぬくらいなら、やるしかない」まさに私自身の、そして京ろまんの命運を賭した挑戦でした。

まずは、お客様へ「御礼市」のご案内です。

私はこれまでお取り引きいただいたお客様の名簿をもとに、問屋さんから教えてもらった礼服に白ネクタイを締めた服装で、お得意様のお宅一軒一軒にご挨拶に回りました。お宅の玄関先で、またはあがらせていただき、まずは巻紙にしたためたご挨拶文を読み上げ、謹んで口上させていただきました。

その内容は周年に対しての御礼、これまでご愛顧いただいた感謝の気落ちをお伝えするものでした。

その後に10秒間、頭を下げました。

このわずか10秒の間に、これまでの過去が走馬灯のようによみがえり、涙が止まらなかっ

教訓　8・9

できると信じてやることは必ず成功する
「変わるんじゃない、変えるんだ」

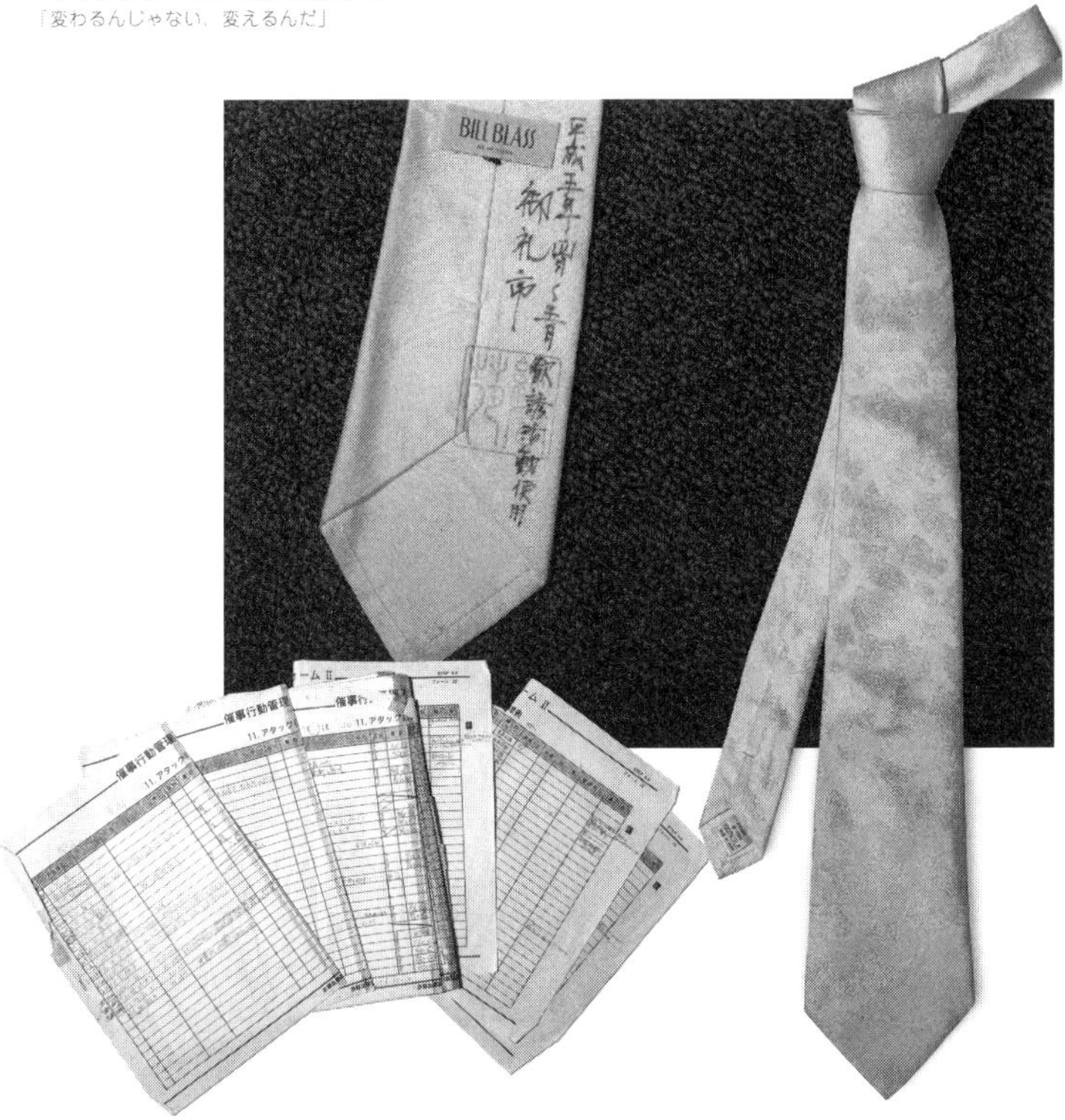

ネクタイ、名簿、口上書は「御礼市」開催のための三種の神器。

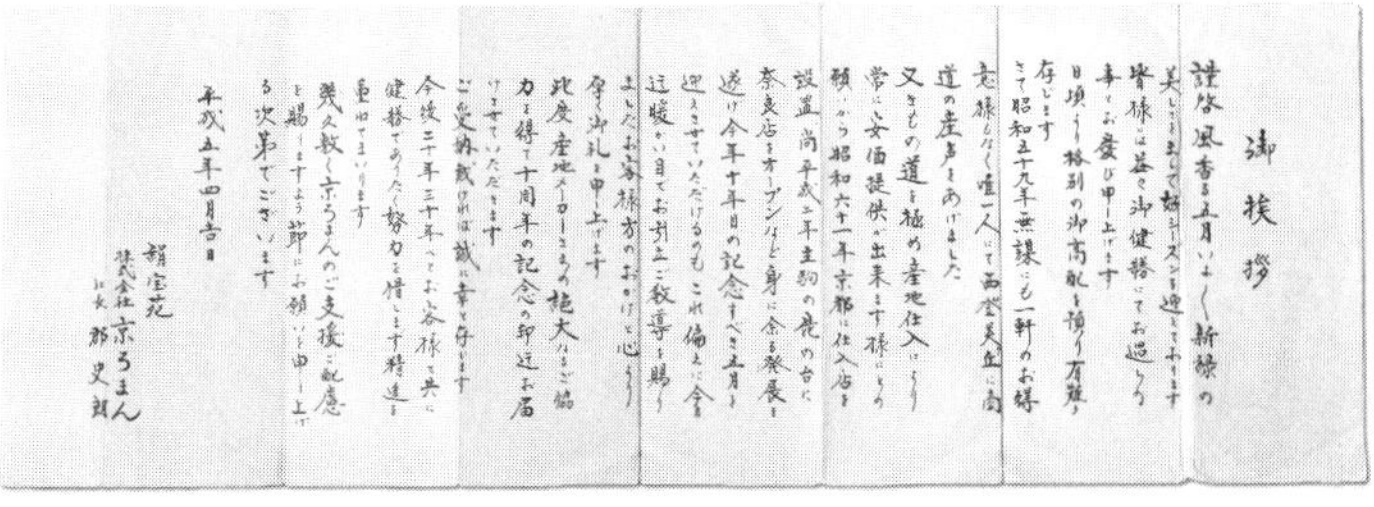
御挨拶
謹啓 風香る五月いよいよ新緑の
美しさを増して参ります
皆様には益々御健勝にてお過ごしの
事とお慶び申し上げます
日頃より格別の御高配を賜り有難う
存じます
さて昭和五十九年無謀にも一軒のお
恙もなく唯一人にて西陣天竺に商
道の産声をあげました
又きもの道を極め産地仕入により
常に安価提供が出来ます様にとの
願いから昭和六十一年京都に仕入店を
設置 尚平成二年生駒の龍の台に
奈良店をオープンなど身に余る発展を
遂げ今年十年目の記念すべき五月を
迎えさせていただけるのもこれ偏えに今
迄暖かい目でお引立ご教導を賜り
ましたお客様方のおかげと心より
厚く御礼を申し上げます
此度産地メーカーさんの絶大なるご協
力を得て十周年の記念の卸値でお届
けさせていただきます
ご愛納戴ければ誠に幸と存じます
今後二十年三十年へとお客様と共に
健勝でありたく努力を惜しまず精進を
重ねてまいります
幾久敷く京ろまんのご支援ご配慮
を賜りますよう節にお願い申し上げ
る次第でございます
平成五年四月吉日
絹宝苑
株式会社 京ろまん
社長 郡 史朗

たこともありました。今までの中途半端な自分がこんな事態にまでひきずり、周りの人に迷惑をかけてしまったことを、本当に情けなく思ったのでした。

お得意様には、どうしたのかと心配をおかけしてしまったかもしれませんが、行く先々で涙を止められなかったことを今でも鮮明に覚えています。

そしてこのご挨拶の終わりに、御礼の証しとして、御礼市でご利用いただける10万円相当の割引券をお渡しして帰りました。

約1か月半をかけて約250名のお客様のお宅を訪問しました。基本的には私がひとりで回りましたが、着付学院の先生や市役所を定年退職した母親も一生懸命お客様の勧誘を手伝ってくれました。

他社でこの展示会を開催した事例によると、3店舗を有する規模の会社で3千万円ほどの売り上げだったそうです。しかし、私の目標はひとりで開催するのに5千万円。当時の年商が7千万円ほどで、店舗は1店舗しかなく、しかも私は展示会開催の経験がない。それなのに、年商の半分以上の5千万円という高い目標を設定したことに、提案してくれた問屋さんからはなぜこんなに高いのかと驚かれ、実現しないだろうと信じてもらえませんでした。

私自身も、当時の私にとっては無茶苦茶な目標だとわかっていましたが、とにかく今ある借金を返さなくてはならないという一心でした。だからその1か月半の間は、成功することだけを信じて走り回ったのです。

そしていよいよ「御礼市」当日を迎えました。

初日、800万円ほどを売り上げました。1日で800万円のお買い上げがあったのは初めてでしたから、自分としてはとても嬉しかったのですが、よく考えるとこの数字ではまったく足りないと気づきました。一瞬落ち込みましたが、すぐに気を取り直し、最後まで頑張り続けました。

2日目は1千万円、3日目は1千300万円、最終日はなんと1千600万円と、合計4千700万円を売り上げることができました。最初の目標には少し届きませんでしたが、自分としては大成功と言える結果が出せたのです。おかげで借金の一部の2千万円を一括返済できました。できなければ、銃殺されるくらいの覚悟で挑んだ「御礼市」でしたが、それだけは回避することができました。

私が今までやってきたことは、「本気だ」と言いつつも、それは真の本気ではありませんでした。それまではふらふらして、やると言ってもやらないで、適当なことを言って器用にふるまってきていたのは事実でした。

しかし、今回だけは、真剣に取り組みました。まさに死ぬ気で「御礼市」に取り組んだのです。

結果は目標まであと一歩でしたが、私にとっては感極まる状態でした。命をつなぎとめることができた、これでまだ生きていける。自分は本気を出せばできる人間なんだと自信を取り戻し、自分を変えることができました。

当時、「御礼市」で身につけていた白ネクタイと礼服、そしてこの時に使っていた名簿は、当時の気持ちを忘れないために、今でも大切に保管しています。白ネクタイは手垢で薄汚れ、礼服はヨレヨレで、名簿は手垢とぎっしり書き込まれた文字で真っ黒ですが、これらは私

教訓　8・9

できると信じてやることは必ず成功する
「変わるんじゃない、変えるんだ」

「御礼市」開催！　記録撮影も忘れ、４日間は必死。残っている写真はこれだけ。

にとって自分を取り戻させてくれた、かけがえのない勲章です。

「自分はできる、できると信じてやることは必ず成功する」

自分を強く信じることで結果はついてきます。もしも自分を信じて失敗したというなら、それはまだ信じる力が足りないということ。もっともっと強く自分を信じて頑張り続ければ必ず道は開けます。

「御礼市」で私は着物に助けられたと本気で着物に、そしてたくさんのご来場、お買い上げくださったお客様に、心から感謝しました。

そして、その時誓いました。「私は一生着物から逃げない、着物の商売を一生続けて恩返しする」と。それから28年、その誓いは守っています。

第2章

経営者形成期の失敗と教訓

教訓 10
経営者形成期

夢は具体的に思い続ける

1997年、36歳。

「御礼市」で借金の問題は少しだけ解決しました。それまでは、資金的な余裕がまったくなかったため、仕入れが潤沢にできなかった、それが悔しくもあり大きな悩みでもありました。例えば、伊達衿や半衿などの和装小物すら揃えることができず、お求めになりたいお客様がいらっしゃると、私が近くの同業他店に走って普通の客として購入し、名簿取得のために、その店より安く売り、損して販売するということをよくしていました。

そのころは、そんな悔しさを常に持ちながら、奈良の目抜き通りにいつかお店を出して、「奈良でナンバー1の呉服店になりたい」という大きな夢がありました。その「いつか」を2000年に設定して、夢を目標に変えました。そして2000年には間に合わなかったのですが、3年後の2003年、奈良のメイン通りに、4階建の「京ろまん きもの満足館」

を出店することができました。

私はその夢を実現するため、寝食を忘れるほど事業に集中し、取り組んでいました。もちろん社員の皆が同じ方向、目標に向かって頑張ってくれたからこそ成し遂げられたのだと思います。私たちの会社をご贔屓にしてくれるお客様、取引先の皆さん、応援してくれるすべての方々のおかげもあって夢を叶えることができたのです。

そもそも、私の母親は市役所に勤めていたのですが、定年退職後、店に手伝いに来てくれるようになり、本職の人もかなわない売上、年間1億円を達成するなど、息子のためならと持病もかえりみず6年間も助けてくれました。

私が37歳の時に父が、40歳の時に母が永眠しました。私の夢を叶えるために一緒に頑張ってくれた両親には感謝してもしきれません。

そして、もうひとつ、このころの私を励ましてくれたのが、ダイエット食品「スリムドカン」などのヒット商品で知られる化粧品・健康食品会社「銀座まるかん」創業者の斎藤一人さんの言葉でした。お世話になっていた方から斎藤一人さんが話されている貴重な講演会のテープをいただき、聞いてみたらとても感動したのです。

当時、大きな利益を上げ、長者番付の常連だった社長の話は、とてもポジティブで説得力があり、そのモノの考え方は自分もぜひ取り入れたいと思いました。これは、聞きかじるのではなく、100あれば100すべてを体で覚えた方が早いと思い、音楽などは一切聴かずに、移動中の車でももらったこのテープだけをずっと聞き続けました。全部暗記しようと決めたのです。

斎藤一人さんが「ツイている、ツイていると、100回言いなさい」と話されているのを聞いて、このころは実際に「ツイている、ツイている」と1日100回唱えていました。

それは32歳のころ、的場浩司主演の『代紋TAKE2』を毎日観て自分のモチベーションを上げ続けたように、自分に響いたものや取り入れたいと思ったものはくり返し見て聞いて徹底的に覚え、体に染み込ませることが大事だと知っていたからです。

そして、夢を実現するためには夢を諦めない強い気持ちと目標を明確にすることが大切だと教えてもらいました。そこで私は、「絶対にこの夢を叶える」というモチベーションをキープするため、夢の象徴となるものをいつも目にする場所に掲げることにしました。

何を飾るかはすぐに決まりました。

それは京ろまん本店のイメージ画です。

「こんなすごい店を出したい」

私はすぐに知り合いの有名なグラフィックデザイナーに来てもらい、私のイメージを伝えました。私のイメージする建物の外観と内装を説明し、６枚の絵にしてもらいました。出来上がった完成図はイメージ通りの物でした。その絵を壁に飾ったのが１９９８年、37歳の時でした。その絵を飾ったその日から毎日その絵を見続けました。絵を見続けることで夢への思いも強くなっていったのです。

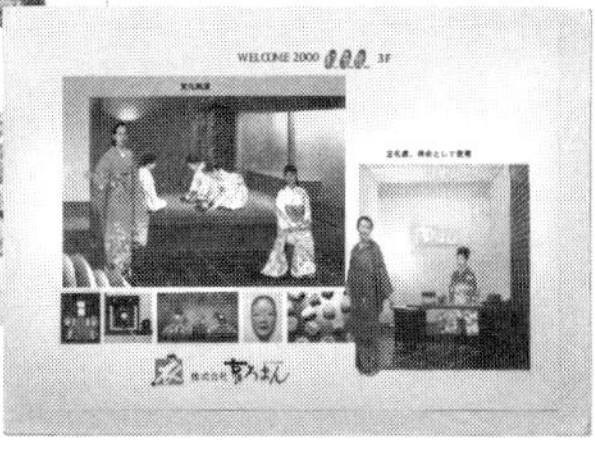

奈良の目抜き通りに本社ビルを建てたいという夢のイメージ画。

そして絵を飾ってから5年後の2003年、42歳の時、ついに奈良駅の人通りの多い目抜き通りに、4階建ての県内最大の店舗を出すことができました。

奈良の三条通りに念願の本社ビル完成。

いつも目にするところに夢の象徴となるものを掲げることはとても重要なことだと思います。目標や夢が明確になりますし、気持ちが弱くなった時も、その絵を見ることで元気づけられます。また、その絵を見ながら多くの人に夢を語り、それを実践するのが当たり前のような気分になります。

そんなことの繰り返しのうちに、仕事をするうえで勇気に代わり、自分の自信にもつながり、最終的には思った通りの未来を迎えられるのです。

本社ビルには写真スタジオ、ファーストステージ１号店を併設。今は京ろまんグループを支える大切な柱のひとつ。

教訓 11

経営者形成期

24時間考えているところに勝てるわけがない

2003年、店の本店を奈良市三条通りに移転した後、新規出店などで資金調達が必要となったため、会社は日本証券業協会「グリーンシート」市場に奈良県内登録第1号企業として株式を公開しました。「グリーンシート」は、非上場企業の株式などを売買できるように、日本証券業協会が1997年7月から2018年3月まで設けていた制度です。

2003年に本店をオープンする時に、呉服に関連する写真スタジオや和装小物などを中心に扱うショップも併せてオープンしました。そしてグリーンシートである程度の資金調達ができたので、関連でありながら形態を変えた出店にチャレンジしてみたいという気持ちもありました。

そんなタイミングで、兵庫県尼崎市にあるショッピングセンターから出店依頼があり、店を出すことにしました。

新たな店は着物業界に今までなかったコンセプトの店。もちろん最初から売上が伴えば一番ですが、それよりも、自分の理想にこだわったスイーツカフェと着物をコラボレーションした店をやってみたいという気持ちが強かったのです。

早速、その準備に取りかかり、今思えば事業計画を深く練ることもなく事を進めていきました。

開店した店は、「小町カフェ」というスイーツと着物類を販売するカフェショップで、ショッピングセンター内の1階で、人通りの多い食品売り場に位置し、着物業界ではありえないロケーションでオー

着物＆スイーツカフェ出店でも、大きな教訓を得る。

プンしました。

オープン当初は行列ができるほど多くのお客様でにぎわいましたが、ほどなくすると客足はガクンと落ちてしまいました。隣にあったアイスクリームショップの「サーティーワンアイスクリーム」は、いつも行列ができるほどの人気店。刺激を受けながら、なんとか客足を戻したいと新たなメニュー開発にスタッフとともに取り組みましたが、お客様が増えることはありませんでした。

その後、店は2年経たないうちに閉店となりました。きちんとした出店計画も立てずに「やりたい」が先行し、安易に店を出してもうまくはいかないものだと思い知らされました。

考えてみれば、私は呉服店を経営するうえで24時間呉服のことを考えています。スイーツの店を本職で経営している方は、きっと24時間スイーツのことを考えているはずです。それなりにおしゃれな店構えで、それなりにおいしいスイーツというだけで、店が成功するわけがありません。一時的に人気になったとしても、それは一過性のもので長く続くことはないのです。スイーツの店を絶対に成功させてやるという熱い思いもなかったわけですから、終わりは遅かれ早かれ確実にやってきていたはずです。

経営において、何かを始める時はそのことを24時間考える覚悟で始めなければ成功はありえないと思い知らされた経験でした。

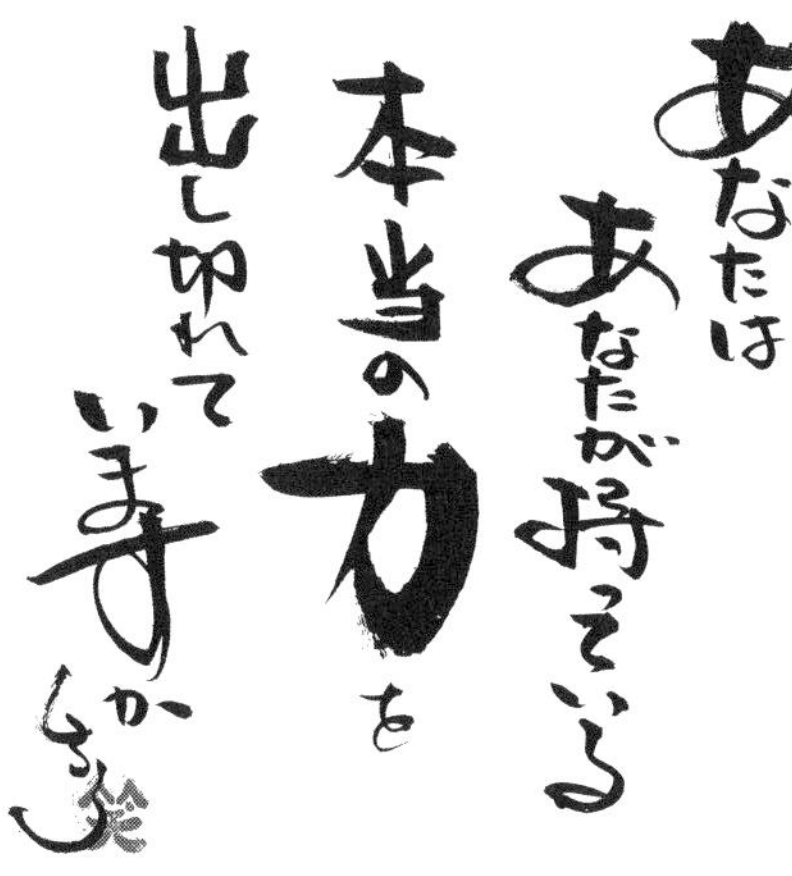

教訓 12

経営者形成期

夢がないところからは人は去り、夢があるところには人が集まる

株式公開したことで勢いがつき、2003年から2006年にかけては、着物と写真スタジオの新たな店舗を立て続けにオープンし、出店ラッシュに沸いていました。この数年は、まさに順風満帆に思えた時期でしたが、そんな会社の成長の日々も長くは続かずいつしか暗雲が立ち込め、呉服業界全体に逆風が吹き始めてくるのです。

2006年、45歳の時、大手の呉服販売店2社が相次いで倒産しました。その2社は当時、呉服業界では有名な企業だったのですが、強引な商品の販売方法が社会問題になりました。その被害者のための弁護団が各地で結成。集団訴訟を起こされ、大手呉服販売店側の敗訴が相次ぎます。2006年3月には大阪の大手呉服店が約148億円の負債を抱え倒産し、8月には全国に560店舗を展開していた会社が約205億円の負債を抱え倒産。呉服業界全体が大きくイメージダウンしました。

その影響を受けて、当社従業員の着物販売に対するモチベーションも下がり、よって「京ろまん」も毎月2千万円から3千万円の赤字を出し続け、その年の決算では年商16億円で1億3千万円の赤字を計上。少し前の出店ラッシュから、まさかの倒産の危機に瀕してしまいます。

２００７年、46歳の時、大きな決断を迫られます。会社が生き残るためには大幅な経費削減が不可欠な状況となりました。

私は月に一度の大朝礼で全社員に、今の会社の状況と今後について説明を始めました。社員は一様に不安そうな表情を浮かべ、私の一言一句、聞き逃すまいと真剣に耳を傾けていました。そして、私は張り詰めた緊張のなか、社員にこう語りかけました。

「会社は今、倒産の危機にあります。明日倒産してもおかしくない状況です。皆さんには最後まで頑張ってもらいたい気持ちはありますが、今の〝京ろまん〟に夢はありません。この先どうなるかまったくわかりません。社員教育もできません。それでも一緒に頑張ってくれる人がいたら幸せです」

毎月の販売管理費を半分に落とすために、店舗閉鎖を始めました。それに伴って、会社を去る社員もいましたし、なんとか危機を乗り超えたいと頑張ってくれる社員もいました。

「この会社には夢はない」

社長が発するとは思えないこの言葉が社員の胸に突き刺さり、多くの社員は会社を去る選択をしたのだと思います。

夢という言葉にはそれだけの重みがあり、人を動かす大きな力があるのだと実感しました。人はたとえ過酷な状況にいたとしても、夢があれば頑張っていける。でも、夢がなければやる気も何もかもなくしてしまうということを。

給与明細に思いを込めたメッセージ　①

2008年度期首から毎月の給与明細とともに、
過去からその時々で自身が感じ、学んだこと、
そして根っからの商売人として持ち合わせる知恵や工夫を、
タイムリーに手書きメッセージにして社員へ届けています。

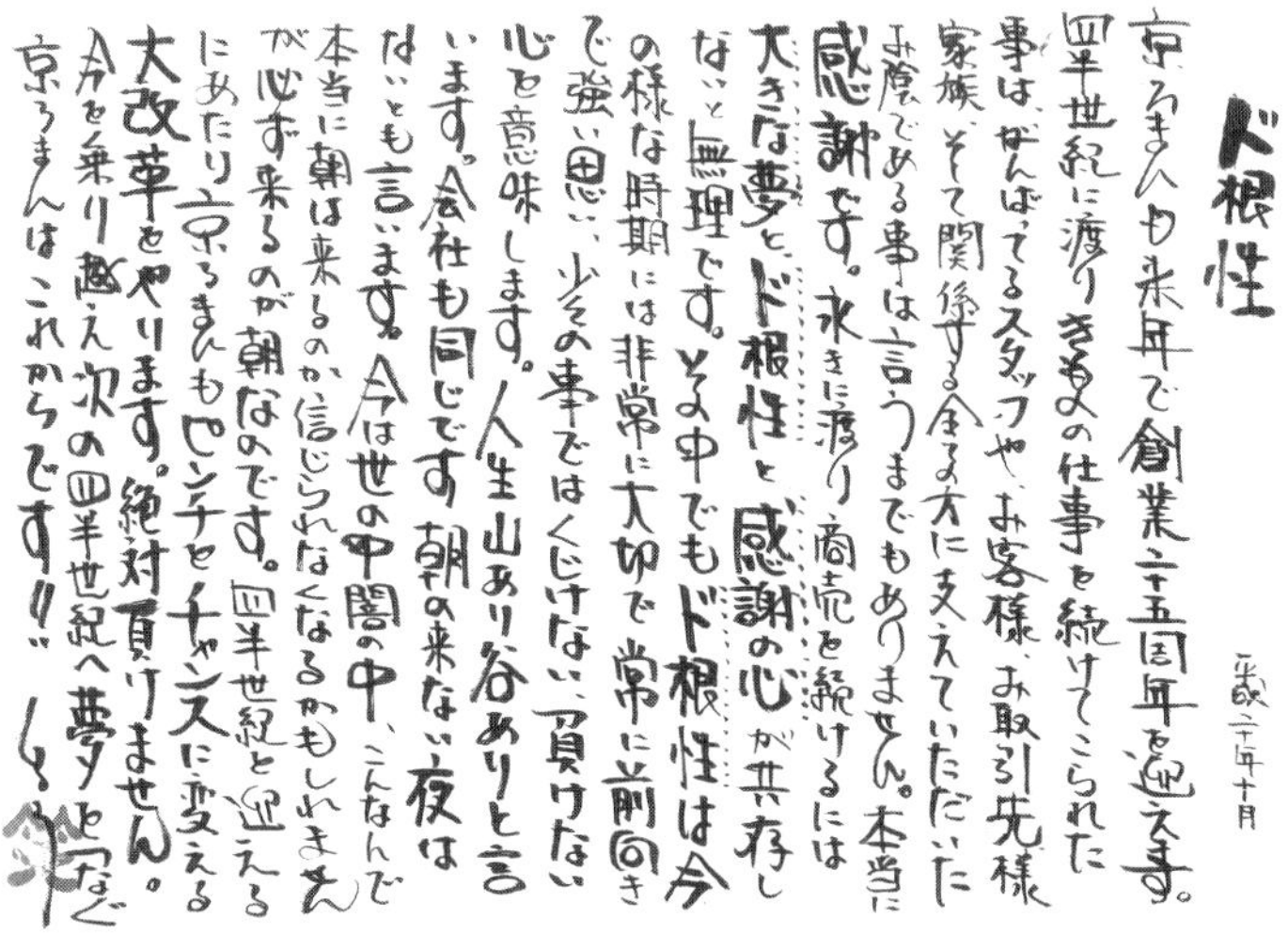

ド根性

京ろまんも来年で創業二十五周年を迎えます。四半世紀に渡りきものの仕事を続けてこられた事は、がんばってるスタッフや、お客様、お取引先様家族、そして関係する全ての方に支えていただいたお陰である事は言うまでもありません。本当に感謝です。永きに渡り商売を続けるには大きな夢と、ド根性と感謝の心が共存しないと無理です。その中でもド根性は今の様な時期には非常に大切で常に前向きで強い思い、少々の事ではくじけない、負けない心を意味します。人生山あり谷ありと言います。会社も同じです。朝の来ない夜はないとも言います。今は世の中闇の中、こんなんで本当に朝は来るのか信じられなくなるかもしれませんが必ず来るのが朝なのです。四半世紀を迎えるにあたり京ろまんもピンチをチャンスに変える大改革をやります。絶対負けません。今を乗り越え次の四半世紀へ夢をつなぐ京ろまんはこれからです!!

平成二十年十月

2008年10月

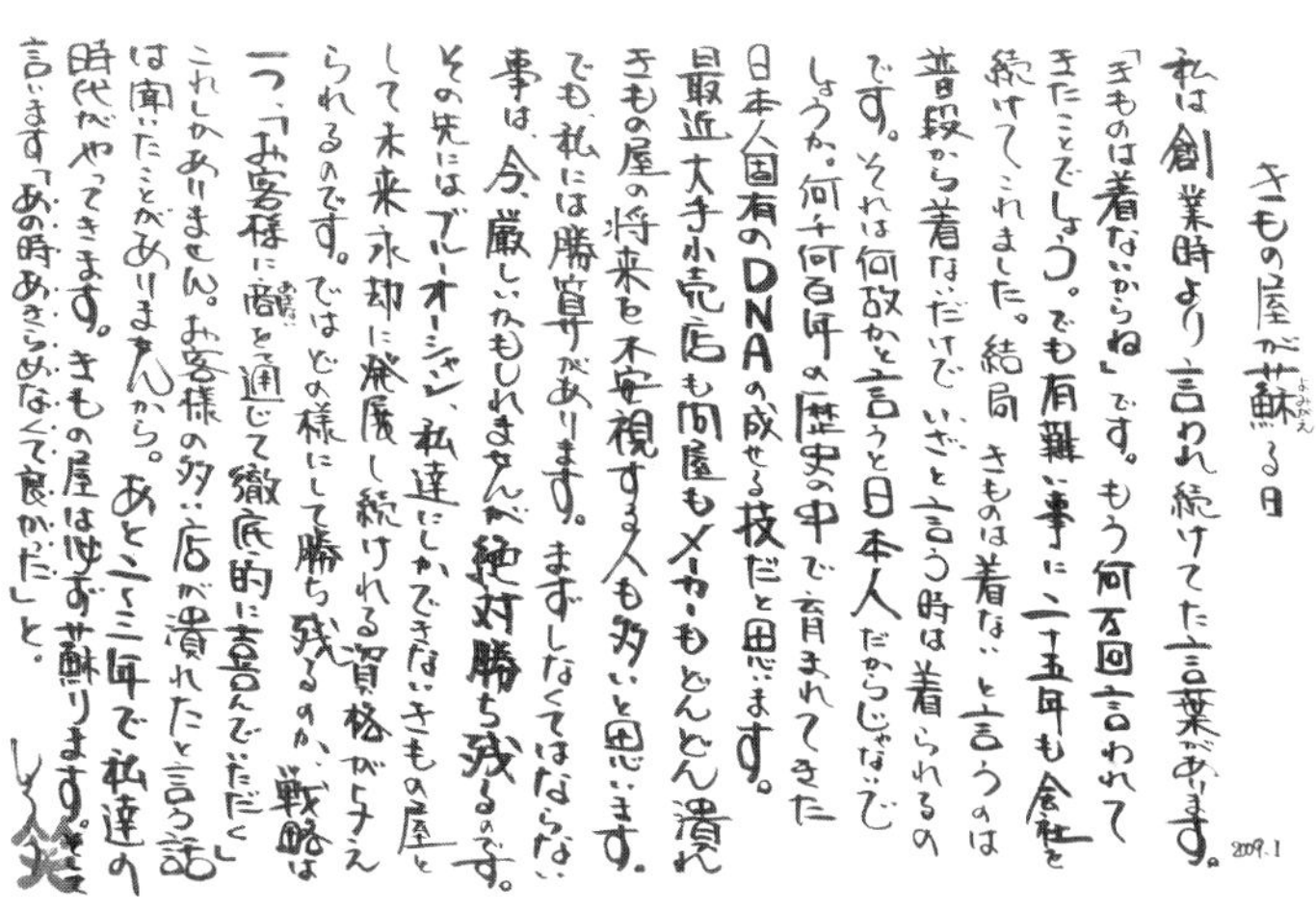

きもの屋が蘇《よみがえ》る日

2009.1

私は創業時より言われ続けてた言葉があります。「きものは着ないからね」です。もう何万回言われてきたことでしょう。でも有難い事に二十五年も会社を続けてこれました。結局きものは着ないと言うのは普段から着ないだけでいざと言う時は着られるのです。それは何故かと言うと日本人だからじゃないでしょうか。何千何百年の歴史の中で育まれてきた日本人固有のDNAの成せる技だと思います。最近大手小売店も問屋もメーカーもどんどん潰れきもの屋の将来を不安視する人も多いと思います。でも私には勝算があります。ますしなくてはならない事は、今厳しいかもしれませんが絶対勝ち残るのです。その先にはブルーオーシャン、私達にしかできないきもの屋として未来永劫に発展し続けれる資格が与えられるのです。ではどの様にして勝ち残るのか、戦略は一つ、「お客様に商を通じて徹底的に喜んでいただく」これしかありません。お客様の多い店が潰れたと言う話は聞いたことがありません。あと二、三年で私達の時代がやってきます。きもの屋は必ず蘇ります。言います「あの時あきらめなくて良かった」と。

2009年1月

教訓 13

経営者形成期

銀行とたたかえ！

「京ろまんに夢はない」

この言葉がきっかけとなり、社員の半分は会社を去っていきました。店舗の数もこれまでの半分に縮小しましたが、まだ先行きはまったく見通せず、会社は危うい状況にありました。

前述しましたが、このころ、倒産した大手呉服販売会社の販売手法が社会問題となっていたことから一般の呉服店にも大きな影響を及ぼしていました。大きな赤字を出した当社に対して、銀行の審査は厳格になり、厳しい資金繰りに奔走する事態に陥っていました。当時、資金調達のために、親しくしていただいていた経営者の方々に増資のお願いに回りました。

ある時、ドン・キホーテの安田隆夫創業会長にも増資のお願いに伺ったところ、「借金を返すための増資はあなたのためにならない」と断られました。「何かを始めるための資金を増資するなら検討の余地はあるが、借金返済の増資はない」はっきりとそう言われました。「返済に困っているなら銀行とたたかえ」と檄を飛ばされたのです。

銀行とたたかえという言葉は、銀行に真正面から今の事情を話し、自力で生き抜ける方法をしっかり伝えよということでした。決して借金に借金を重ねるようなことだけはするなと。今なら銀行に掛け合い、返済の猶予を申し入れることはままあることですが、当時はそのような習慣はほとんどありませんでした。

しかし、安田創業会長のひと言で私の中で勇気が湧いてきました。

「絶対、復活する！」

翌日から私は各銀行に相談し、返済の猶予を願い出ます。当時、あまり前例のなかった申し出に銀行の担当者は驚きとともに戸惑っておられました。それでも、私の熱意と気迫におされ、もちろん提出した事業計画も精査したうえで、最後は返済の猶予について了承してくださいました。

安田創業会長から助言いただくまでは、返済を猶予してもらえるなど想像もしていませんでしたが、私の思いをご理解いただけたことに各銀行の皆さんには今も感謝しています。お陰様で会社のキャッシュフローは良くなり、京ろまん復活の大きな一歩となりました。あの時の安田創業会長のひと言で、京ろまんは救われました。

ちょうどそのころ、私は不思議な体験もしていました。

それは、毎月欠かさず行っている両親の墓参りでの出来事です。父は私が37歳の時に69歳で、母は私が40歳の時に68歳で亡くなりました。

この年の9月の月命日に両親の墓前でお参りをしていると、どこからともなく黒いアゲハチョウが飛んできました。そのアゲハチョウは私に近づいてくると、私の体とお墓の周りをグルグルと回り始めたのです。しばらく回り続けるアゲハチョウの姿に私はハッとしました。これは両親が天から私を見守っていることを知らせているのではないか、そう思ったのです。今まで経験したことのなかった第六感のような感覚でした。

両親はいつも見てくれている、そう思えた出来事にとても勇気づけられたことを覚えています。

給与明細に思いを込めたメッセージ ②

2008年度期首から毎月の給与明細とともに、
過去からその時々で自身が感じ、学んだこと、
そして根っからの商売人として持ち合わせる知恵や工夫を、
タイムリーに手書きメッセージにして社員へ届けています。

いまから ここから

「今さらやってもだめかな」

「今から夢の実現なんてむりむり」

「もうええ年やしな……」

一度、二度 挫折を味わい自分の位置を決めてしまうと、「自分はこんなもんだ」なんて、それ以上の自分を求めなくなる人も多いのでは。特に年令を重ねると過去の経験から どうしてもブレーキが効き易くなる様です。

今期も六月よりスタートしました。二十五期のテーマは「楽しくそして夢に近づく」です。再度自分達の夢をしっかり見つめ直し、仕事を楽しみながら一歩づつ夢の実現へ近づく年。

「いつでも今日が始まり」

一生のうち今日が一番若く、今日が一番早いんです。

「いまさら」と言う言葉は捨てて「いまから」「ここから」の夢いっぱいの人生のスタートです。

2010年

日本一の下足番

私の尊敬する社長の教えのひとつに、

> 下足番を命じられたら
> 日本一の下足番になってみろ
> そうしたら誰も君を
> 下足番にはしておかぬ

とあります。 今の現状がいやで となりの芝生が青く見えて、そちらの方が楽しく思えて今の仕事に身が入らない、そんな話はよく聞きます。もちろん合う合わないもあるのかもしれませんが、本気で努力したのかと言うと、そうでないのにあきらめている。なでしこジャパンが世界一になったあの感動の陰の努力は私達の想像を絶するものがあるのでしょう。沢選手がサッカーではなく、もし女子ソフトボールを選択していてもたぶん世界一になったんだろうと思います。全ては自分がどうありたいのかの思いの強さで決まるのです。今やってる事を大切にし、そこに日本一を見つけ、それに向かって本気で努力す
それが自分を輝かせ次のステップへの一番の早道なのです。

2011年

教訓 14

経営者形成期

世間は正しい。すべてはお客様の評価で決まる

2008年、47歳。

銀行の貸付金返済猶予も叶い、事業の立て直しが進行していましたが、それからさまざまな問題が持ち上がりました

その大きな問題が着物販売における消費者問題でした。前述の大手呉服販売会社の強引な販売手法が社会問題化した影響もあって、当社に対しても1件の訴訟が提起されたのです。その裁判は4年ほど続き、この間、状況を悪化させる問題が次々と発生しました。

まず、呉服業界への社会的信用が急速に低下していた当時の情勢下、ほとんどの信販会社は呉服取引から撤退し、弊社もすべての信販会社との取引ができなくなってしまったのです。信販取引はお客様との重要な決済手段のひとつであり、これを失うことは当社の資

金繰りには大打撃です。

銀行には返済猶予してもらっているので、新たな融資は不可能です。

時には給料日5日前に、通帳の残高が底をつきかける日もありました。

当然、積立や保険など取り崩せるものはすべて現金にし、毎月の資金繰りは「とにかく今月を凌ぐ」ことの繰り返しで、自前の資金だけで事業資金をやりくりするのが、どれほど大変かを思い知ることになりました。

このような状況で、京ろまんは倒産するなどのうわさがささやかれ、取引先様にもご迷惑やご心配をおかけしていましたので、その一軒一軒に直接謝罪にも伺いました。

しかし、そんななかでも当社で収益を上げている部門は伸ばしていきたい、そうしなくてはいけないと奮起し、大阪・心斎橋と四日市市に写真撮影スタジオの「ファーストステージ」を2店舗オープン。極力費用をかけず、明らかに利益が出るとわかっている部門にだけ投資を続けました。そしてこの話題で、表向きには取引先様に「京ろまんの元気な姿」を見せ続けました。

この「めげない精神」と、問題を抱えた社内の中で新店舗のオープンが社員のモチベーションアップにつながったことが、その後の京ろまんにとって大きなプラス材料となったことは間違いありません。

前述の係争事件は、1審での原告主張一部認容の判決に納得ができず控訴審へ進むこととなりましたが、最終的にはお互いの主張を協議の上、和解が成立。円満解決に至りました。

この訴訟が起きた時、呉服販売を社会問題として取り上げる報道番組の一部としても報道されました。実名こそ出ませんでしたが明らかに当社とわかる映像も流されて、やはり、そのマイナスイメージは大きな傷跡を残しました。私自身も自宅にレポーターが訪れたため、家に帰ることもできない時期もありました。

私が商売人として生きてきた35年の中で、お客様から訴えられた経験は後にも先にもこの1件だけでしたので何もかもがショッキングな出来事でした。

当然、私としては当社の販売方法に問題はない、当社が正しい、と思って裁判を争っていましたが、商売人として最終的に気づいたことは、「世間の評価が正しい」ということでした。当社が間違っていたという意味ではありませんが、自分にとって正当な理由をいくら並べても、それがお客様にとって納得ができないことであったり、世間から見て疑問に思える伝わり方をするものだったら、そこから出た評価がすべてだ、という意味です。

お客様に商品を買っていただき、サービスをご利用いただくというビジネスを進めている以上、どんなことがあっても、お客様にとっての安心や信頼が一番大切です。何かの事情でこれらが得られないとしたら、それはすべて当社の責任なのです。お客様のせいではありません。

今は、どんなにこちらが正しいとしてもトラブルが起こることが問題だと考えなくてはならないと思っています。トラブルを未然に防ぎ、信頼・安心してお買い物を楽しんでいただくことが大事であると考えています。

教訓 15

経営者形成期

京ろまんには夢がある

２０１１年。

一連の裁判問題とそれに端を発するさまざまな問題が収束したとはいえ、まだまだ問題は多く、売上も思うように上がらず、どうしたらいいのか逡巡している最中、株式会社きものブレインの岡元松男社長から「郡さんは節分を過ぎたら運気が上昇しますよ」と言われたことがありました。呉服業界大手問屋のウライ株式会社の裏井紳介会長からも「郡さん、大丈夫ですから頑張ってください」との優しいお言葉をいただきました。

その時の日記を見返すと、

自分を信じること
腹を据えて本気で戦うこと

と書かれていました。

現状は、まだまだ厳しい状況には変わりないけれども、私をよく知っていただいている方々に大丈夫と言っていただいて、とてもすっきりした気持ちになっていたことを今でも覚えています。

そして2012年。

日記には「**2月3日からたしかに運気が変わった。岡元社長がおっしゃった通り、運がこちらを向いてきた。深い深い霧がすーっと消えていった、そんな体験をした**」と記されています。

「**今、完全に回復したかというと完全ではない。しかし、夢を見られるようになった。つらくしんどいこの5年間と、そろそろ別れることができるかもしれない。今はそんな思いで書いている**」と、続いています。

実際、2月3日を境に、キャッシュの流れが急に良くなり、売上も第4四半期の昨年同期に比べ、数字はかなり伸びてきていましたし、銀行口座の月末残高も大きく増えていました。

そんななか、岡元社長には「郡さん、51歳のお誕生日を超えたら、ますます上昇しますよ」と言われました。

もともと岡元社長は、私に理念経営を教えてくださった方です。そして折に触れ、私に良きアドバイスをくださり、それが現実となるなど、信頼を寄せている社長です。

その方に「郡さんは節分を過ぎたら……」と言われたせいか、2月3日を過ぎてから、自ずと自分の体の中から「やれるんじゃないか」という気持ちが湧き上がってきました。それまでの、悪いことが続いて起こり、転がり落ちるような最悪のスパイラルから抜け出たようなイメージの中にいると感じました。

依然厳しい状況にはありましたが、その都度乗り越えてきたので、今回も51歳を超えたらこのあとに何かあるんじゃないかと思い、その勢いで「100億宣言」をしたのです。

大朝礼の際、全社員に向けて「京ろまんには夢がある。１００億を目指す!! ついてきてほしい」そう発表しました。

その瞬間、もうほとほと疲れ切っていた社員たちの目がキラキラしたように見えました。

その後、岡元社長から「東京で頑張っている大手の呉服会社の幹部だった人を紹介します。会社を作りたいと言っているからよかったら話を聞いてみませんか」というお話をいただきました。

私はだんだんノリに乗ってきている状況だったので、すぐに会いに行きました。

その人物が現在の株式会社百花の平野社長で、着物に対する取り組み方や、彼の関東における新規出店の意欲を聞き、夢を語り合い、共感し、意気投合。現在、京ろまんグループで関東中心に展開する呉服販売の「百花」の展開がここで決まりました。

しかし、冷静に考えれば、自分の会社がどうなるかわからない、お金もない状況で、関東に出店するなどと、役員もきっと理解の範疇を超えていたと思います。

それでも、「どうしても」と思った私は、関東でお世話になっていたお二人の社長にお願いをして回り、ウライ株式会社の裏井会長にもご協力いただき、資金を調達。また別の社長の会社スペースの一部を無償でお借りし、東京事務所を構えることができました。

その後、株式会社百花は現在までに関東で3店舗、関西に1店舗を展開しています。

こんな予想もしなかったことが急展開していくなか、私はまた無謀な展開を模索しました。毎年経営計画発表会を6月に開催しています。その時に、100億宣言をして、京ろまんは元気になったんだということを呉服業界全体に知らしめたいと思い、その発表会に超有名なあの方を招きたいと思ったのです。

それが「銀行とたたかえ」とおっしゃったドン・キホーテ安田隆夫創業会長です。大きな節目として安田創業会長に来ていただくことができたらさらに運気が上がると、心に湧き上がるものがありました。

しかし、安田創業会長は講演などを一切されないと聞いていましたので、お願いするのにどうしたらいいか迷った結果、私の思いを便せん20枚に、心を込めて筆で書いた手紙を送らせてもらいました。

数日後、秘書の方から返事が来ました。

「安田は行くと言っています」と。

私は感動し、涙が出たのを覚えています。


そして当日は講演をしてくださり、当社社員はもとより、60社87人の来賓の方々の心をつかみ、最後は全員で写真も撮らせてもらいました。


「京ろまんさんの発展をこころより祈ります」との温かいお言葉もいただき、それ以降、私の心は決まった、腹が据わった、そのような硬い芯のようなものが私の中にできました。

その時のことを日記には「**これで私の株もうなぎのぼりです。100億の旗揚げは無事終了、心より感謝**」と書いてあります。


その後、自分の生活に落ち着きが戻ってきました。

自宅で普通に眠れ、普通にご飯が食べられて、普通にテレビを見ることができました。

それまでは常に何かに追われて、常に緊張している状態。その私が普通の気持ちでご飯を食べて、普通の気持ちでテレビを見て笑っているなんて、前の5年間はまったくなかったので、本当に信じられないことでした。

普通ってこんなに幸せでありがたいものかと思えた一瞬でもありました。

改めて今私が思っていることは、「あの時、諦めなくてよかった」ということです。経営者なら必ず一度は口にする言葉だと思いますが、本当にそんな心情です。

2012年7月9日、当時の日記にはこう書いていました。

資金繰りはまだまだ厳しい状態ですが、あの5年間を考えると天国です。
絶対に安心しない、絶対にいいかげんにしない。
私は真の経営者になり、あの時の公約通り100億を達成させます。そして株主の皆様、問屋、メーカー、そして支えてくださったすべての方々に感謝をし、そのような方たちから信頼され、期待してもらえる経営者になることを心に誓います。

第3章 京ろまん流 成功への10の法則

理念経営の大切さ

思いは人を動かす。
経営理念は丸暗記して毎日口に出して言うことで行動もついてくる。
人を大切にするという会社の本気の思いをメッセージにして伝える。
人が会社を創り、人がブランドを創る。

苦しい時に書き殴る日記の最初のページは、前述した通り、1989（平成元）年5月19日、創業して4年目、**「2月いっぱいで社員はひとりもいなくなった」**という言葉でした。人の心もつかめず、自分のことばかりを考えて、会社だ、会社だといい格好ばかりしていた創業時。創業して10年くらいは若かったことも重なって、『会社＝お金儲け』のような仕事のやり方をしてたくさんの失敗を重ねてきました。

人よりお金を追いかけたばかりに、余計にお金を失ってきました。

創業から4年目に始めた、苦しい時に書く日記。事あるたびに見返す大切なバイブル。白いページはまだ残っている。

当時の京ろまんの経営理念といえば、大手上場企業の経営理念をほぼ真似て私の机に小さく貼っていただけでした。

そんなことを続けている私を見かねたのか、株式会社きものブレインの岡元松男社長が「郡さん、理念経営ですよ」と優しく言ってくださいました。なぜかその時、そのひと言で私の体中に電気が走るくらいの衝撃と、自分の中でこのままではいけないという焦りに襲われたことを覚えています。

早速会社に戻り、まず自分の思いを1枚の紙に書きまくりました。文章にならなくても、自分に正直に、本当に思っていることだけを殴り書きしました。そして、それを文章にまとめ上げたのが今の京ろまんグループの企業理念と経営理念となっています。

京ろまんグループ

企業理念

『笑顔創造企業』

経営理念

私達の仕事はお客様に感動と喜びを提供する事である。

業界の発展に大きく貢献し、社会に必要とされる企業であること、
それを私たちの誇りとする。
全社一丸のチームワークにより、日々革新し、
未来のために会社に燃え上がるエネルギーを蓄積する。
元気本気人気の精神を持って日々努力×天運が最大の成長を導く事を知る。
自他共に幸福になることを究極の目的とし、
人を大切にすることが笑顔創造企業としての基盤となる。
合言葉、「世界中に笑顔を届けよう！」

あまりに思いが多すぎてまとめきれなくて、経営理念としてはかなり長いものになりました。

経営理念はもし私がいなくなったとしても、永遠に変わらない会社の方向性を示す創業者の思いの詰まったものでなくてはならないので、創るのに気をつけたことは、

①自分が本当に心から思っていること
②どんな事業をしたとしても当てはまること
③未来永劫受け継がれるもの

の３つでした。

京ろまんグループでは、この経営理念を社員はもちろんパートタイマーで働く方々にも暗唱できるまで覚えてもらっています。

そして毎朝朝礼で唱和するようにしています。

それはなぜかというと、経営理念を形骸化させないためです。私はいいなと思ったことは『代紋ＴＡＫＥ２』のビデオや斎藤一人さんの講演テープのように何度も何度も繰り返し見たり聞いたり丸暗記するようにしていました。そのことによりそれが自然と私自身に染み入り、それが当たり前の行動になるからです。毎朝唱和して経営理念が完全に理解できると、私たちの仕事は着物を売ることや写真を撮ることではなく、お客様に感動していただき、喜んでいただくことが仕事であることを自覚し、行動してもらえるのです。また、経営理念を全従業員が理解し、その思いを共有することで一体感が生まれ、それが大きな力になります。何か迷った時に頼れるのは経営理念であり、進むべき道、方向を教えてくれる指針が常に頭の中にあるようになります。

京ろまんの経営理念は従業員ひとりひとりの成長を促し、プロフェッショナルとしての心構えを養う理念であると確信しています。

数年前、ある事情で退職した社員がいました。その人ももちろん京ろまんの経営理念を覚えていました。その人が隣の街のあるお店に勤めてみると、そこでは京ろまんの思いとは違う店舗運営をされていてテンションが上がらず、自分に元気をつけるために店に行く途中、「私達の仕事はお客様に感動と喜びを……」と、京ろまんの経営理念を唱えながら通っていたそうです。

結局、その店には1年間くらい勤めたそうなのですが、そのお店の方針はどうしても自分の覚えた経営理念と違う点が多々あり、そこを退職し、再度京ろまんに戻って来られました。私はそれを聞いた時、会社とは本気で社員のことを思い、幸せに導かなくてはならない、そのためにも経営理念をもっと浸透させなくてはならないと強く思いました。

こんな質問があります。

「会社というのはいったい何なのかわかりますか」

その質問を受けた人は会社の建物を想像したり、商品だったり、看板だったりさまざまな回答をします。

答えは「人の集まり」です。

要するに人ひとりひとりが会社なのです。ブランドも同じ。ブランドとは何？という質問に、あの有名なルイ・ヴィトンやシャネルでさえ商品ではなく人といえるのです。人が思いを込めてものを作り、人がその商品に磨きをかけ、心を込めてお届けする。

要するに会社力やブランド力＝人力なのです。いくら内装がきれいな店内であっても、素晴らしい商品が陳列されていても、接客がダメならその店は遅かれ早かれ必ず潰れます。ホテルでも、飲食店でも同じこと。お客様の期待値を超えられない店は残念な店としてお客様から見放されるのです。だからそこで働く人がお客様に感動と喜びを感じてもらおうと本気で思っている人の集まりの店なら、どんな立地でも必ず繁栄します。

『人が会社を創り、人がブランドを創る』

経営理念はそんな人の集まりを創る経営において一番大切な会社の思いの形なのです。

給与明細に思いを込めたメッセージ　③

2008年度期首から毎月の給与明細とともに、
過去からその時々で自身が感じ、学んだこと、
そして根っからの商売人として持ち合わせる知恵や工夫を、
タイムリーに手書きメッセージにして社員へ届けています。

お客様に目をむける

日々の仕事の中で あなたは どれだけ お客様に目を
むけているのでしょうか。 自店の売上、自分の売上を上げる
為に仕組みをつくったり、陳列を変えてみたり、ロープレをしたり、
一生懸命やっているのに 今一つ思うように売上が上がらない、
店が盛り上がらない… それは 自己都合を優先した
お客様不在のアイデアが全ての元になってしまっているからなの
かもしれません。 左記をチェックしてみて下さい。

①休憩中でも「どうすればお客様に喜んでもらえるか」を
話し合う雰囲気が店内にある
②お客様との接点にとる仕事（接客・電話・訪問・ハガキなど）が第一
優先ですすめられている
③クレームがありのまま即報告される
④自店の都合、自分の都合よりお客様満足が優先される
⑤お客様の要望に「できない」ではなく「どうしたらできるか」
をまず考える雰囲気が店内にある
⑥全てのスタッフから改善案がドンドン出る
⑦その改善案がスグ確実に 実行される

全ての項目に○がつきましたか、一つでも×があれば
努力の割に成果の出ない店になります。 徹底的に
お客様に目をむける。 繁盛店の常識です。

H24.2

2012年2月

合力

二〇二〇年の東京オリンピックが現実のものとなり
ました。 東京の そして日本の思いの強さが一つ
となり世界に届いたのだと思います。 当社も二〇二〇年、
一〇〇億円企業グループを目指しています。 七年後には
その実現を祝し東京オリンピックが花を添えて
くれる事でしょう。 本当に楽しみです!!
物事の実現にはまず思いの強さ、そしてそこにいる人達
が全員同じ思いで行動する「合力」の強さが大切と考
えます。 先日JR南浦和駅で女性がホームから足を
踏み外し電車とホームの間に挟まれた事件がありまし
た。 その時居合わせた約40人が一斉に力を合わせて助け出
した事が世界中に広がり日本人の合力を絶賛していま
した。 また今、日本人のおもてなしの心が脚光を浴びて
います。 私達にとっておもてなしは接客の基本、CSの
原点です。 但し一人だけ理解し行動していても
本来のおもてなしとは言えません。 全員接客こそ
誇るべき日本人の合力、本当のおもてなしです。
貴方のお店は最強の合力でお客様の笑顔
を引き出していますか。

2013.9.25

2013年9月

2

夢のもつ力

社員のそれぞれの夢を叶えられる会社を創る。
夢のあるところに人は集まる。
夢を見られていない人に夢を見せられる会社になる。

私は、夢にはとてつもなく大きな力があることを知っています。会社が大きなマイナスを出し、前を見ることができなかった時、私が社員の前で「私たちの会社には夢がない」と言った言葉でたくさんの社員が京ろまんを去りました。

そして4年後、復活の兆しが見えてきたころに、「私たちの会社には夢がある」と言った時に社員の目は輝きを取り戻し、その後の快進撃に勢いをつけてくれました。

35年前、着物業界には1兆5千億円の業界規模がありました。現在では約2千800億円、約5分の1弱に縮小したのですが、それには理由があります。

着物を着なくなったから着物業界は小さくなったと言う人がいますが、私は違うと思っています。正直私が創業したころでも普段から着物を着ている人はほとんどいませんでした。ではなぜ1兆5千億円もの売上があったかというと、多くは婚礼需要。着ることよりも、お嫁入り道具として着物をたくさん買う。こんな風習がまだまだありました。今は結婚式自体も昔ほど派手にしない時代になったので、『お嫁入り道具』という言葉もだんだんと昭和の言葉として使われなくなり、道具として着物を買う人も少なくなってきました。

「今は着物を着る人が着物を買う」当たり前のことですが、その当たり前の時代になってきています。最近はレンタルや、安価で買えるお洒落な着物もたくさん出てきて、業界の売上は下がっても着る人は35年前より多くなっているのが現実です。

ただ、それだけでここまで業界売上が落ちるのかといえば確かに落ちすぎです。実はもうひとつ大きな原因があるのです。

それは、着物業界でお仕事をする人が少なくなったからです。

売上不振で店が閉まり仕事をする人が辞めたのではなく、着物屋に就職する人が少なくなって、お店のスタッフ不足が売上不振につながり閉店。結局は勤めている人も辞め、着物業界人口が減ったのです。

この現象はまさに、働く人がその店また着物の会社で夢が見られなくなったということです。正直この先の将来がどうなるかなんて誰にもわかりません。でも、こうなりたいとか、ああなりたいという漠然とした夢がある人は多いと思います。そんな人が着物の仕事で10年後、20年後の夢を見ることはできないと感じれば着物店への就職希望者が減り、勤めている人が他の業界に転職してしまうのも当たり前だと思います。

「この会社はやり甲斐がある」「着物の仕事には夢がある、10年後、20年後、家族とともに幸せになれる」もし着物業界が、従業員の方々にこのような思いを与えられる会社ばかりなら、着物業界の縮小はなかったと思います。

日本人の女性の95％は着物を好きというデータがあります。しかし自身で購入したかというとごく僅かになるのも事実です。

要するに、着物の潜在需要はあるのですが顕在化されていないということです。

着物業界では、その着物の顕在化にあの手この手でさまざまな企画を作ってきました。過去それが奇抜すぎて大きな消費者問題にもなりました。そのために、着物業界のイメージが悪くなり夢を見ることができずに去って行った人も多くおられました。

さらに店頭接客よりも催事販売が多くなり、最大のお客様の接点である店頭接客レベルが落ち、お得意様のみの販売が多くなり、新規のお客様が極端に少なくなっているのも現状です。

京ろまんグループの着物小売事業として関西中心の株式会社京ろまん（きもの満足館、舞スタイル、和優館、小町カレン）と関東中心の株式会社百花があります。

各ブランドにて業態やコンセプトは異なりますが、すべての店に共通して言えることは、夢を見られる職場作りのために、日々店頭販売のレベルアップに力を入れて、ひとりでも多くの人に着物ファンになってもらう努力を続けていることです。

そのためにもお客様に心から感動してもらい、お客様に正直な店作りを目指して取り組んでいるところです。

○心から喜んでいただける商品を揃える店
○着物を着て楽しんでいただけるお手伝いができる店
○来店することが楽しいと思っていただける店
○着物を通じて豊かな人生へのお手伝いができる店

そして、そこで働くスタッフがお客様から「ありがとう」と言っていただける店頭接客をひとりひとりができるように日々勉強しています。

「大切な人に誇れる仕事、誇れる会社、誇れる自分であり続けること」これが着物事業の夢の出発点であると考えます。

さらに京ろまんグループでは、着物事業だけでなく、『社員（全ての従業員、家族）とお客様の幸せの実現』を最大のテーマとし、夢の実現のためのOUR 100 VISIONを推進しています。５年前から役員と研修を受け多角化経営を通じて社員の夢を実現するための仕組みを作りました。これは最終章で詳しく述べます。

京ろまんグループで頑張れば自分の夢がはっきり見えてきた。
その夢をつかめそうな気がしてきた。
こんな会社を創ることが今の事業を発展させる大きな鍵になると思っています。
夢の力は想像をはるかに超えるパワーを持っていることを知りました。

3 自発型社員を作る

権限委譲こそ社員を育てる。
ボトムアップ※経営を取り入れることで
自発型社員を育成でき、会社は大きくなる。
トップダウン※とボトムアップのミックス型が理想。
トップダウンだけでは社長の器以上の会社は作れない。
ボトムアップは社長が我慢しないと成功しない。

※ボトムアップ＝現場からの提案（意見やアイデア）を基にして、トップが"組織としての意思決定"を行う管理方式のこと。
※トップダウン＝組織の上層部（社長や役員）が今後の方針を決め、下層部（現場）がそれに基づいて行動していく管理方式のこと。

会社は人の集まりです。そこで働く人が成長すれば会社も成長するし、そうでなければ会社は衰退します。単純なようで非常に重要な部分であり、人材育成は会社にとって最優先課題なのです。

京ろまんの仕事は特に人と人との接点にて商売が成り立っているところも多く、現場のひとりの笑顔がお客様を幸せにするし、現場のひとりの怠慢が会社に大きな損失をもたらすこともあります。そのためにも社員の育成が最も大切なことだと思っています。

創業時にはまだまだ人も少なく社長の思い通りの動きができ、特に社員教育に力を入れなくてもトップダウンですべてのことができました。それにより、私の未熟な考えで人よりお金を追いかけ失敗の繰り返しがあったと思います。そんな私について来られなかった社員も多く、十数人の社員全員が退職してしまったことも前述した通りです。

売上を上げるためにお店を出す。さらに売上高を増やすために多店舗化する。その時必要なのは人です。5人から10人、10人から50人、そして100人、200人とどんどん人が増えるにつれてさまざまな問題が生じてきます。

お店がまだ2、3店舗だった時に、ある経営セミナーを受けたことがあります。その時に先生が、会社には売上高10億円の壁、30億円の壁、そして100億円の壁があるとおしゃっていました。もちろん会社の仕組み作りや店舗への投資資金など、さまざまな準備をしないと売上を伸ばすことができません。しかしその「壁」というのはほとんどが「人」に関することであると自分が実際に経営をしてわかりました。

お店が1店舗の時はオーナーの目が届きます。2、3店舗まではそれもなんとかなります。しかし5店舗、10店舗となれば従業員も50人、100人と増えるわけで、その人たちがひとつの方向に向いて一緒に商売をしてくれるのであればいいのですが、そう簡単に全員をまとめあげるのは難しいと思います。

その人たちに同じ方向を向いてもらうために社長の思いをしっかりと伝えないといけません。し、それが伝わる仕組みを作らないと店舗運営はどんどん厳しくなります。さらに社長の右腕になる人がいなければ組織も作れません。10億円の壁というのは10億円の売上を上げられる「組織」を作れるかどうかということなのです。売上高10億円で必要な従業員の数は業種によって違いますが、私たちの着物のお店であれば10億円にするには通常8店舗から12店舗くらいが必要で、人数にすれば60人から80人前後となるわけです。会社を大きくしようと思えば、組織を作る力があるかどうかにかかっているといえるでしょう。

そして、組織作りはどんな人でも人数がいればいいわけではなく、一番良いのは「自発型社員」を何人も育成することです。自発型社員というのは、上司から命令があって動くのではなく、自らやるべきことを発見し積極的に取り組む社員のことです。

自発型社員育成のためにはまず本人の夢と会社の夢が一致することがスタートとなります。それでなければなかなかモチベーションは上がりません。会社として社員がやりたいことや社員の持つ夢を理解する。そして今の会社でどう実現できるのかを本人に想像させる。さらに仕事の目標を明確にして、今自分たちはそれを達成するために何をすべきなのかを自分たちで決めさせて、行動管理も自分たちでする。いわゆる権限委譲をどこまで認めるのかが、ポイントとなります。

正直、このボトムアップといわれる手法を取り入れるのは非常に難しく、社長のトップダウンでやると一瞬で決められる内容のものでも自発型社員を育成しようとすれば、まずそれぞれの意見を聞いて吸い上げてまとめる、そして一番良い意見を採用し計画に落とし込み、それを実行に移す、出た結果をみんなで反省し、次の対策を練る。この一連の流れ、要するにＰＤＣＡ※を民主主義的に進めていくのです。もちろん時間もかかるし、一筋縄ではいきません。でもそれができるかどうかで会社の成長スピードは決まるのです。

※ＰＤＣＡ＝「Plan＝計画」「Do＝実行」「Check＝評価」「Action＝改善」の４つの英単語の頭文字で、「ＰＤＣＡサイクル」とも呼ばれる。Ｐ→Ｄ→Ｃ→Ａ→Ｐ……といった具合に、４つの段階を循環的に繰り返し行うことで、仕事を改善・効率化することができる方法といわれている。

京ろまんの業績が厳しい時からなんとか這い上がり、「京ろまんには夢がある！１００億みんなでやろう！」と社員を集めて発表した年、今や売上高約２兆円企業のドン・キホーテ創業者である安田隆夫創業会長に京ろまんの経営計画発表会にお越しいただき最初で最後の講演をしていただいたことは前述した通りです。

たくさんの励ましのお言葉と勇気を頂戴し、京ろまんの全従業員はすごく元気になったのを覚えています。私が52歳の時でした。

その時、「ドン・キホーテが成長した要因は『権限委譲』であり、もちろんトップダウンで進めなくてはならないところもあるが、店の運営はできる限りの権限委譲をしてその地域にあった品揃えの仕入れを店の担当者がすべてやる」とおっしゃっていました。

ドン・キホーテのお店となると仕入れ権限を持てば年間何十億円ものお金を店の担当者が動かすことになります。そこまでの権限を持たせることで責任感が生まれ、店の担当者の思考が変わり、行動が変わり、そして繁盛店が生まれると教えていただきました。いわゆる「自発型社員育成」の最たるものが「権限委譲」であると教えられました。

今までトップダウンのみで会社を進めてきた私にとって、それからは安田創業会長のおっしゃる権限委譲とは何かを突き詰め、自発型社員を作ることが最大のテーマでした。

その後、私たちもあらゆる方法で権限委譲を試みましたが、自己流ではなかなかうまくいかず、困っていたところ、『年商100億の社長が教える、丸投げチームのつくり方』という本に出会いました。それを書かれた社長は北海道の山地ユナイテッド株式会社の山地章夫社長でした。

山地ユナイテッド株式会社では連邦・多角化経営を推進されておられ、それによりすべての社員に夢を持たせ、自発型社員育成が非常にうまく育っている会社と知りました。まさしく私の思っていた理想の会社でした。

山地社長の経営を伝える経営支援部門もお持ちでしたので、早速、役員全員で北海道まで約1年間、勉強に通いました。

勉強したことは、

●ボトムアップ経営とは中堅幹部に経営者感覚を持たせ、システム、仕組みで図る経営であり、そのためにもあらゆる権限委譲が必要になるということ
●経営者と同じ意識、感覚を持てる人を探し出し、経営能力向上と報告がきっちりできる人に育てること
●そんな人を育てるために、委員会制度を設けることや、ビジョン経営、社風経営により、良い人材を集めること

など、さまざまなことを学ばせていただきました。

1年間の勉強でようやく権限委譲とは何か、どうして取り入れるのかがわかるようになりました。

京ろまんグループの中でこの形が特にうまく機能している一例として、写真スタジオ事業のファーストステージがあります。

例えば、新卒で入社した新入社員たちはユーザーに一番近い位置にいる人たちで、ユーザー目線の意見を持っているのも確かです。2年目、3年目の社員は仕事を理解したところでこの方が効率的だとか、お客様に喜んでもらえるなどのさまざまな意見を持ちだしています。

普通ならまだまだ勉強段階で、会社のやり方に沿って頑張りなさいというのがほとんどだと思います。ただ、ファーストステージのやり方は、例えば、七五三委員会を若手メンバーだけで作らせて、どうしたらお客様の来店が増えるのか？ 単価をあげるには？ どんなサービスが喜ばれる？ などを話し合い、自分たちでルールも決め、やることも決め、目標も決めます。自分たちで決めたことは上に言われてやるよりもはるかにやり甲斐があり、うまくいくと何倍も嬉しく、自信にも繋がります。

トップダウンでやる方が早いことも多々あるでしょう。でもこのように権限委譲をすると、社員のやり甲斐が出て、自発型社員が増え、成績もグングン上がるのです。

自発型社員がたくさん育ったファーストステージでは、今のコロナ禍においても最高売上、最高利益を出し続けています。

しかし、ボトムアップだけでうまくいくのかといえば、実際はそうではありません。創業時のスタートダッシュや、会社業績が厳しくなった時、大きく改革しなくてはならない時などはトップダウンで一気に舵取りをしなくてはならないこともあるのです。

以前京ろまんの経営が厳しくなった時に大量の店舗閉鎖や大幅なコスト削減の決断などは、社員のさまざまな意見を聞いていると時間切れになり、倒産の可能性もあったため一気に私が決断しました。

会社経営ではトップダウンとボトムアップをうまく使い分け、創業時の急な上り坂、業績不振の急な下り坂はトップダウンで、通常の歩みはボトムアップで権限委譲して進めるのが一番うまくいくと思います。

給与明細に思いを込めたメッセージ ④

2008年度期首から毎月の給与明細とともに、
過去からその時々で自身が感じ、学んだこと、
そして根っからの商売人として持ち合わせる知恵や工夫を、
タイムリーに手書きメッセージにして社員へ届けています。

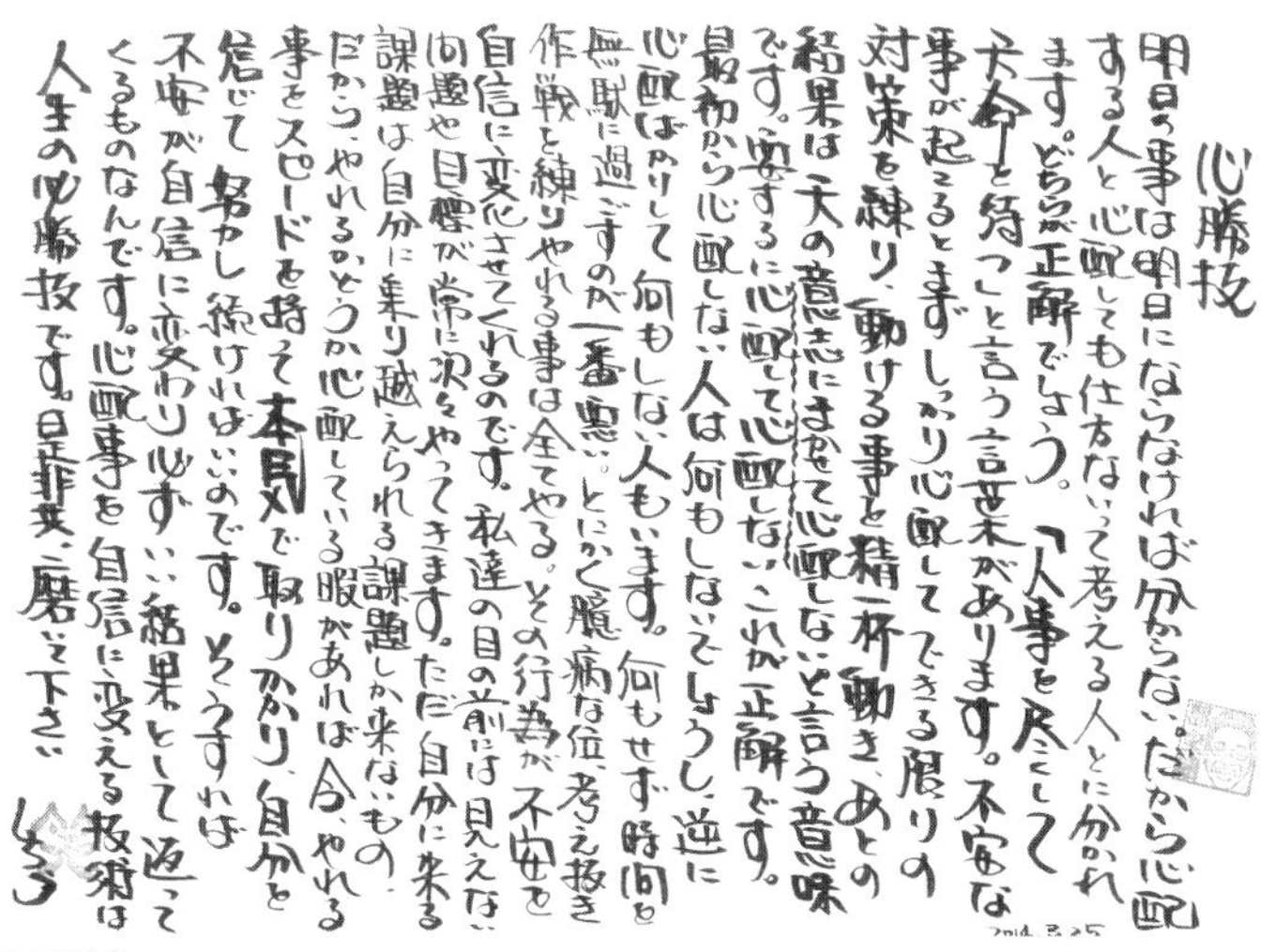
心勝技
明日の事は明日にならなければ分からない。だから心配する人と心配しても仕方ないって考える人とに分かれます。どちらが正解でしょう。「人事を尽くして天命を待つ」と言う言葉があります。不安な事が起こるとまずしっかり心配してできる限りの対策を練り、動ける事を精一杯動き、あとの結果は天の意志にまかせて心配しないと言う意味です。要するに心配して心配しないこれが正解です。最初から心配しない人は何もしないでしょうし、逆に心配ばかりして何もしない人もいます。何もせず時間を無駄に過ごすのが一番悪い。とにかく臆病な位、考え抜き作戦を練りやれる事は全てやる。その行為が不安を自信に変化させてくれるのです。私達の目の前には見えない問題や目標が常に次々やってきます。ただ自分に来る課題は自分に乗り越えられる課題しか来ないもの。だから、やれるかどうか心配している暇があれば今、やれる事をスピードを持って本気で取りかかり、自分を信じて努力し続ければいいのです。そうすれば不安が自信に変わり必ずいい結果として返ってくるものなんです。心配事を自信に変える技術は人生の心勝技です。是非、磨いて下さい
しげる
2014.3.25

2014年3月

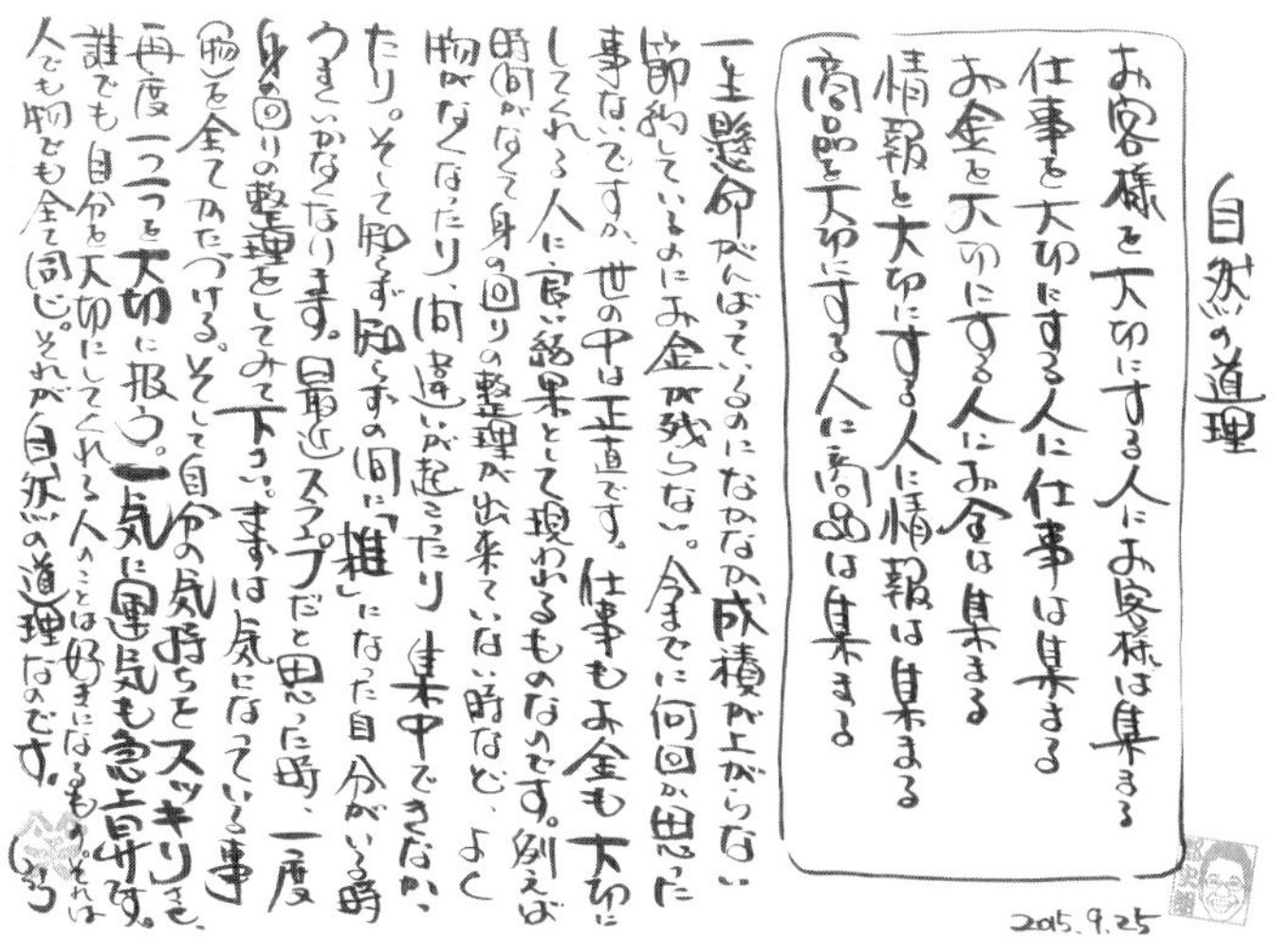
自然の道理
お客様を大切にする人にお客様は集まる
仕事を大切にする人に仕事は集まる
お金を大切にする人にお金は集まる
情報を大切にする人に情報は集まる
商品を大切にする人に商品は集まる
一生懸命がんばっているのになかなか成績が上がらない。節約しているのにお金が残らない。今までに何回か思った事ないですか。世の中は正直です。仕事もお金も大切にしてくれる人に良い結果として現われるものなのです。例えば時間がなくて身の回りの整理が出来ていない時など、よく物がなくなったり、間違いが起きたり集中できなかったり。そして知らず知らずの間に「雑」になった自分がいる時うまくいかなくなります。最近スランプだと思った時、一度身の回りの整理をしてみて下さい。まずは気になっている事(物)を全てかたづける。そして自分の気持ちをスッキリさせ、再度一つ一つを大切に扱う。一気に運気も急上昇です。誰でも自分を大切にしてくれる人のことは好きになるもの。それは人でも物でも全て同じ。それが自然の道理なのです。
しげる
2015.9.25

2015年9月

4

経営計画書

24時間本気で考えているところには勝てない。
頭がちぎれるほど考えて計画を立てる。
PDCAを高速で回す。
経営計画は社員も一緒に作らないと形骸化する。

京ろまんでは創業して11年目から年間の経営計画書を作るようにしています。経営理念や会社のルール、行動規範、さらに1年間の売上目標やその達成方法、社員の決意など、今年で24年目になりますが、今や各事業で1冊の経営計画書を作るようになり、事業部単位でも３００ページを超えるものになっています。

最初のうちは私や役員が短期間で作り上げてきましたが、与えたものは形骸化しやすく、どんなに詳細に書いたところで、社員がその通りに動いてくれるかといえばそうではない計画書になっていたように思います。

数年前より京ろまんグループ内での将来の幹部候補生を集めて１００ビジョン実践塾をスタートしています。京ろまんグループ内での創社※を目指すメンバー中心に経営計画書作りや、幹部、社長としての考え方、行動など将来の京ろまんグループを引っ張っていってくれる頼も

躍進を支える「経営計画書」。
すでに24年分になる。

※創社＝創業精神を持って創意工夫し、グループ内分社をすることの京ろまんの造語。

しいメンバーが集まっています。

私を含む役員が作成していた経営計画書は、来期が始まる半年前からそのメンバーで話し合い、来期・中長期の計画を立てます。まさに自分たちの事業は自分たちで創り上げるやりがいのある計画書が出来上がるのです。もちろん店のメンバーにヒアリングしたうえで、まさしく全員で作り上げる計画書です。

こうした形で計画書作りを始めてからは売上や収益に対しての考え方や対処方法などを最初から共有することができ、やらされ感で運営するのではなく、リーダーと全メンバーで運営する自分たちの店としての動きに変わってきました。

前述した通り、私は過去に「サーティーワンアイスクリーム」の隣で小町カフェ&小町カレンというスイーツショップを併設した着物店舗を尼崎のショッピングセンター1階に出店したことがありました。結果としては24時間アイスクリームのことを考えて計画しているサーティワンさんにはかなわず、着物販売も食品売り場では落ち着いて販売できず、結局のところ2年も経たずにお店を閉める形になりました。

その時は「利益」よりも「新しいことをやりたい」が先行し、計画も一応は立てていたのですが、利益の出る根拠も曖昧なまま、私のトップダウンで進めた店となっていました。社長は会社の方向性を決めることが仕事、そして幹部や社員はその方向性を元に具体的に利益の出る事業にするのが仕事です。

今から考えれば、そもそも社長の方向が間違っている、方向も具体化もすべてトップダウンでやるなど、社員はやらされ感でやるしかない環境を作り上げて失敗していたことが多々あったように思います。

それらの教訓から新たな事業を展開する時は、その事業のこと、利益のことを24時間本気で考える真剣さと、きっちりとした事業計画を現場の社員も巻き込みながら立てるようになりました。

そして、今まで社長や役員だけで作ってきた年間の経営計画書も、社員が本当に自分たちの計画であると思ってもらえる計画書作りをすべきと考え、現在のボトムアップによる経営計画書作りとなったわけです。

ソフトバンクグループの孫正義社長が「何かをするときは頭がちぎれるほど考えろ」と言っておられると、ある本に書いてありました。やはり成功するには、さまざまなシチュエーションを考え、どんな状況であろうと売上と収益はきっちり確保できる、そんな計画を立てた上で思い切って行動に出る。中途半端な「やれるだろう」「やってみたいから」「なんとかなる」は、なんともならないと、痛いほど勉強しました。

そして期首に立てた経営計画書も実際に運用しているうちにうまくいかないところが出てきたり、新たに加えた方がいいことが出てきたり、最初に立てた計画がまったくダメだったりすることもあります。会社経営も生き物であるが故、さまざまな問題が生じます。そんな時にはＰＤＣＡをしっかり回し、解決していくのです。

しかしそのＰＤＣＡの回し方も月に１回の会議では年間12回しか回りません。ファーストステージの成功事例として、店長会議を最低月２回にして、現場の店舗では週１回問題点を出しそれを解決していく。そんな仕組みを作ることで年間48回以上のＰＤＣＡを回すことができ、現在も毎月の目標を連続達成しています。いわゆる「高速ＰＤＣＡ」です。

月１回の反省より週１回の反省で新たな対策を練る方が成長スピードは早いに決まって

ます。この方法を全社で共有し、1年間でどこに行きたいのか、何を成し遂げたいのか、それを全員で取り組むことが当たり前の会社として成長します。

どのくらい
頭がいいかではなく
どういうふうに
頭を使うかです

多角化経営は会社を守る

5

ひとつの事業、ひとつの名前に固執するのは危険。
何か問題が起こった時はすべてに影響を及ぼす。
多角化し、複数ブランドによる収益の柱を3つ持つのが安全。
多角化は安易に取りかかるとすべてが中途半端になる。
ひとつひとつの事業を本気で成功させる覚悟が必要。

２００６年に大手の着物販売会社２社が相次いで倒産したという話をしましたが、倒産してしまった会社のひとつはワンブランドで全国に５６０店舗の着物のチェーン展開をしていました。店名を統一することで着物業界では知名度も相当高かったと思います。

商売をする上で知名度を上げることはとても大切なことですが、その反面悪い評判が立ってしまったらそれが命取りになる場合もあります。

当時、その会社は全国展開していたグループ会社内の数店舗が強引な売り方をし、それが社会問題になっていました。すべての店舗で強引な売り方をしていたわけではなかったと思いますが、店の名称を統一していたことからその悪い評判が一気に全国に広がってしまった一例です。

お客様に一度悪い印象を持たれると、関係のない同じ名前の店舗にも影響があり、その後創業１００年を超えたその会社は一気に倒産してしまいました。

さらに悪いことに、あまりに大きなチェーン店だったので、着物業界＝強引な販売といったイメージがついてしまいました。

京ろまんも関西ではある程度の知名度があったため、商売のエリアが同じでお客様も被っていたりで、かなり大きな影響を受けました。

着物業界に対して悪いイメージがついたことにより、当店へのお客様の来店減少、スタッフの意識低下などで、売上が大幅に落ち、毎月3千万円程度の赤字が半年間続いたのは前述した通りです。

京ろまんがそれでも倒産せずに済んだのは、スピーディーなコストダウンとスタジオの存在です。

当時、5年ほど前からスタートした写真スタジオ事業は、毎年黒字を続け、業績が厳しい時にも出店できるくらい好調で、京ろまんの土台を支えてくれました。

今から思えば、2003年に決断した写真スタジオの出店がなければ今はどうなっていたかわかりません。現在は併設店も含め17店舗になり毎月予算を達成するなど好調に推移しています。まさしく京ろまんの大きな柱のひとつとなってくれています。

多角化といえば、経営面においては効率が悪い一面もあります。ひとつのビジネスモデルを作り、それを一気に伸ばしていくことができれば、これほど成長スピードを早めることはありません。

しかし京ろまんでは、非効率でも事業の安全を考えた上で多角化経営を推進し、たくさんの柱を作るビジネスモデルを京ろまんグループ全体で協力しあって作り上げることが最善策であると考え推進しています。

失敗を財産に 6

失敗とスランプは多いほうがいい。
成功者の共通の言葉「あの時諦めなくてよかった」。
失敗が人格を磨き、会社を強くする。
大きくなった会社ほど大きな失敗をして乗り越えている。
チャレンジなきところに失敗はない、そして失敗とは結果ではない、
チャレンジしなかったこと、一生懸命やらなかったことが失敗。
石橋は叩きすぎると割れる。

私の失敗と復活を簡単にまとめると以下になります。

24歳 ↙ 創業間もなく、共同経営者に900万円の負債を強いられ半年で離別。

26歳 ↙ ある紳士から面白い販売方法があると教えてもらったが失敗。その上、社員を引き抜かれる。

27歳 ↙ 10数人いた社員も創業から3年で全員退職。
オーストラリアとの貿易の話に1年かけて準備をしたが相手は倒産。

29歳 ↙ 大きな土地詐欺事件にひっかかり、3千500万円を失う。

32歳 ↗ 借金が8千万円以上に膨れ上がり、起死回生の着物展示会を開催。4日間で4千700万円の売上を作り息を吹き返す。一生着物からは逃げないと決める。

42歳↗
創業時からの夢だった奈良の目抜き通りに大型本店を建設、株式公開も実現して成長軌道に乗る。
写真スタジオ事業がスタートし、着物店、写真スタジオの多店舗化を急ぐ。

45歳↙
大手着物チェーン店2社が強引な販売で社会問題になり倒産。着物業界のイメージが悪くなり、その余波を受けて社員のテンションが落ち、翌期1億3千万円の赤字を出す。

46歳↙
社員全員を集め「京ろまんには夢がない」と伝え、半分の店を閉店、半分近くの従業員が退職。

47歳↙
増資を頼んだが断られ、取引銀行に借入金の返済猶予をお願いして回る。
成長路線の方針転換とコスト削減のため、株式公開市場（グリーンシート）から自主撤退。

48歳 ↙ 呉服業界の信用低下と当社係争案件の影響で、すべての信販会社との取引がなくなる。
金融からの資金調達手段が極小となり、自前現金のみでの資金繰りに突入する。

49歳 ↗ 奇跡的に1社の信販会社との取引が可能となる。
大幅なコストダウン策が奏功し、毎年コツコツと小さな利益を積み重ねる。

51歳 ↗ 社員全員を集め「京ろまんには夢がある、みんなで100億の会社にしよう」と宣言。社員の目が輝く。
ありがたい出資者に恵まれ関東に着物の会社「株式会社百花」を設立。神奈川県に1店舗目をスタート。

53歳 ↗ 銀行の信頼を得、正常に戻り融資の再開。
着物店舗、写真スタジオ、着物学院などの多店舗化の再スタート。

54歳 ⤴ 着物メーカーの「株式会社KyoDo」や企画印刷の「いい販促株式会社」を京ろまんグループ化。

56歳 ⤴ 本格的な多角化経営のやり方を役員とともに学び全従業員の幸せと夢の実現のためのOUR 100 VISIONをスタートさせる（最終章にて解説）。

58歳 ⤴ 新しくエステサロン、結婚相談所等関連事業の多角化をスタート。

59歳 ⤴ 京ろまんモールアプリを開発して、お積立友の会の会員様や新規のアプリ会員様に対して京ろまんグループの全事業を利用しやすくし、モール会員を１００万人規模まで増やす計画を立てる（最終章にて解説）。
千年創匠プロジェクトを本格的にスタート、老舗着物メーカーとのタイアップや、職人募集窓口等、日本の伝統技術を守り抜く活動を開始する（最終章にて解説）。

60歳　新型コロナで一時的に売上を落とすが、写真スタジオの健闘や会社全体のコストダウンにより、過去最高水準の好業績を達成。

創業時、今から35年前にはパソコンも携帯電話もGoogleも何もありませんでした。要するに情報がない時代。新聞、本、テレビ、ラジオが唯一の情報網。パソコンなどの普及で個人がとれる情報量は２００２年から２０２０年の18年間で約６４５０倍になったといわれています。

それこそ35年も前となると手探りと言っていいほどの状況での創業でした。頼るのは自分の勘と経験のみ、もちろん創業時は経験はありませんので、勘のみのチャレンジが多く、失敗も多かったと思います。特に着物の商売は創業したころから右肩下がりの業界、逆風が吹いていた中での経営は通常の何倍もの力がなくては進めませんでした。チャレンジしては失敗、そして諦めずまたチャレンジ。また失敗。そんな日々だったと思い返します。

話は変わりますが、筋肉が大きくなるメカニズムを知っていますか。

例えば、大きな力を出すことで、筋肉の繊維が傷つけられ、免疫システムが傷を治そうと働きます。筋繊維が傷ついては治療され、傷ついては治療されを繰り返すことで筋肉は大きくなります。このサイクルを繰り返すことで筋肉はより強く大きく成長し、より大きな力を出せるようになるというわけです。

これは「筋肉が傷つくこと」と「失敗」とを置き換えるとよくわかりますが、何度もの失敗を乗り越えることでその箇所が強くなり、自分自身の成長のためのより大きなパワーが出るようになるのと同じことだといえます。

また、背が高くなる竹は節があることで強風を受けても折れにくく、自然環境の厳しさに耐えて伸びていくことができます。また竹は節ごとに成長点を持っているともいわれています。それだけ竹の成長にとって節は大切なものであり、会社の成長の過程においてもまったく同じことがいえると思います。

日々の経営活動のなかで大きな失敗をしたとしても、その失敗への対策、何が達成できて、何が達成できなかったのか、それはどうしてか、どのように次に向かうのかなどをしっかりと振り返ることを節目とし、節目は単なる通過点ではなく、より成長を促す成長点としての節目になっていくのです。

２０２０年4月、中国武漢より発生したといわれる、新型コロナウイルスによる国内感染者数の増加とともに、緊急事態宣言が発令されました。当社も半分の店が休業せざるを得なくなり、売上も半分以下に落ちました。社員の心も疲れ、毎年の5月の決算を迎える活気のあるムードとはほど遠い感がありました。

しかし、写真スタジオの店は路面店で運営していますので、アニバーサリー事業部の近藤取締役部長が感染拡大を防止しながらお客様や従業員の健康・安全を第一に考えた営業体制を敷き、営業をやめずに継続すると判断しました。その決断は会社中に勇気をもたらしました。近藤取締役部長曰く、「外部環境のせいにしてできない理由を作るのは嫌だ、こんな時でも数字の作れる店にする」とスタジオメンバーに話をして回り、みんなが理解して全員で見事年間予算を達成しました。

着物の店はショッピングセンターの中にあったので、開けたくても開けられない最悪の状況にありました。そんな時インスタグラムの投稿で、ある女性の元にイタリアの有名ブランドからコロナお見舞いのお菓子がお手紙とともに送られてきたとありました。「あまりに嬉しくて、コロナが明ければ必ずまた買いに行く」とのコメントが添えられていました。私はそれを見た時に、これだ！と思ったのです。お客様が今一番なくて困っているものは何かと探すと、当時はマスクでした。

着物事業部の中島取締役部長にその話をすると、ちょうどこんな時期だからこそお客様のお役に立ちたいと思っていたらしく、喜んで知恵を絞ってくれました。

すぐにマスク1箱50枚をできる限り多くのお客様に無償で送ることにしました。そしてそこにはおひとりおひとりに、心を込めて手書きした担当からの手紙を添えました。

とことんお客様に尽くす、give & give & give。

緊急事態宣言が解除されるまでの間に着物事業部メンバーが休みを返上して4万枚のマスクを８００人のお客様に送付しました。

その後すぐにお礼の手紙やお電話をたくさんいただけて、心が疲れていた店メンバーのテンションはかなり上がりました。そして最終決算の展示会では通常年と変わらない多くのご来場をいただくことができました。

そこから1年、第4波といわれる厳しさがあるなかでグループ従業員２４０名がお客様の幸せを本気で願いながら言い訳をせず、強い心と笑顔で日々仕事に取り組んでくれています。お陰様でこのコロナ禍でありながら、京ろまんグループの35期は過去最高水準の好業績を達成することができました。

それこそ35年間、常に逆風のなかで経営を続け、多くの失敗から学んだことが「何があっても絶対負けない」という信念ともいえる強い社風になっているように思います。日々現場で闘ってくれている全スタッフに心より感謝いたします。

本当に本当にありがとう！

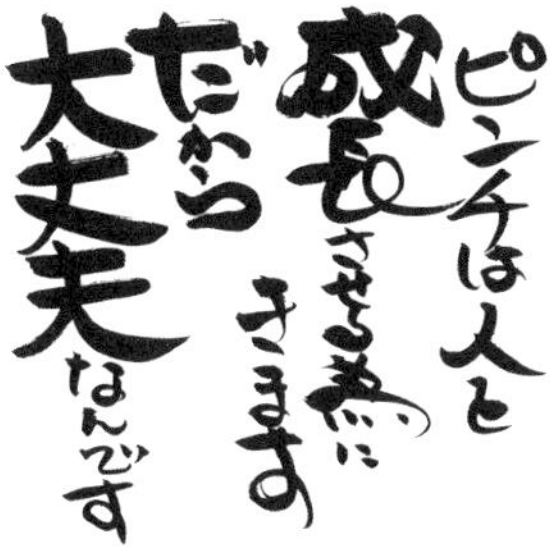

思いの伝え方

本当に思いがなければ伝わらない。
「伝える」と「伝わる」はまったく別物。
伝わるには使命と情熱がいる。
言っていることよりやっていることがその人の正体。
会社で大切なことは「情報の共有化」

奈良の本店からショッピングセンターに初めて2店舗目を出した時に、店の責任者＝店長を作らなくてはなりませんでした。それまでは私が常に先頭を切って、営業もバックヤードの仕事も、数字管理や計画もやっていましたが、離れたところのお店は店長にお願いすることが増え、店のスタッフとのコミュニケーションも当然取りにくくなりました。まだ2店舗の場合は常にお店を行き来することは可能ですが、それが3店舗、5店舗となってくると組織も複雑になりなかなかお店にも行けず、私の思いがどんどん伝わらなくなっていくことを肌で感じるようになってきました。

店舗数が3店舗、スタッフが20名くらいになったころ、毎月の給料の明細の端にひとりずつの顔を浮かべて、その人に合った激励と感謝の気持ちを書いて渡すようにしました。社員はもちろん、パートさんに至るまで全員です。皆さんとても喜んでくれました。

「○○さん今月も頑張ってもらい本当にありがとう！　少し風邪をひかれてた時もあったと思いますが、展示会では3人の新規のお客様にお越しいただき、またお買い上げもいただけましたね！　本当におめでとう!!　お体大切に来月も宜しくお願いします！　郡」

こんな言葉をひとりずつ書くと、たまにお店に顔を出すよりもスタッフさんとの距離感はグンと近くなり、久しぶりに会っても笑顔で話がはずみます。

たまにしか会えなくても社長としての心を伝えるのはすごく効果的なのですが、その後少々困ったことが起こりました。

人数が40名、50名と増えてくると25日のお給料の支払い日までにメッセージが間に合わなくなり、給料明細を渡せなくなる月が度々起こるようになりました。

25日には給料は振り込まれますが、明細は月末になることもあったり、私は20日過ぎになるとメッセージばかりを書く毎日が続きました。

さすがに従業員が80名を超えてくると、ひとりずつのメッセージは断念せざるを得なくなりました。

でも、毎月の感謝の思いを伝えることはやめたくないと思い、代わりにその月にみんなに伝えたい思いを筆で書き、コピーして、全員の給料明細に入れるようにしました（本書内のところどころでそのメッセージを紹介しています）。

そして、個人別には誕生日に「おめでとうメッセージ」をひとりひとりの顔を浮かべて書いて所属のお店にファクスするようにしています。

現在グループ人数が２４０人になってきていますが、これはまだ当分頑張るつもりです。

あとは月初に前月の振り返りメールメッセージを社員向けに送ります。これも各会社、事業部、本社、商品部など前月の数字から、総評、社長の思いを綴ります。

全店の月末数字が締まってから作りますので、月末の夜はほぼ寝られない状況でメールを作ります。そして月が開けた1日、全店舗、全部署とZoomを繋いで全店舗朝礼で約15分のメッセージを伝えます。

さらに思いを筆で綴ったカレンダーは年始に渡します。

毎月の言葉は1年かけて自分が感動した言葉を見たり、思いついた時、携帯のメモに書き留め、10月くらいからまとめて言葉にします。それを筆で清書し、12か月分のカレンダーメッセージとなります。これはお客様用に、またお世話になった方々、お取引様にもお渡しできるように作ります（本書内では直近7年分の中から抜粋して紹介しています）。毎年楽しみにしていただいてるお客様もおられ、これもやめられません。

あと京ろまんグループでは、全社が参加する経営計画発表会を年に一度行います。京ろまんの決算が5月ですのでそれを締めてからの6月10日前後に設定します。

そこには、来られる限りの従業員、また主要お取引様をご招待して、総勢３００人近い人数で行います。私の1年間の思いはもちろん、各社、各事業別で昨期の反省から今期の目標を各責任者、メンバーが前に出て発表します。また、優秀者の表彰や後半では楽しいパーティを開きます。

ダメな時はダメ、良い時は良いと正直に発表して、とにかく京ろまんグループの仲間、お取引先様の皆様にこれから迎える1年間の本気を伝えることが目的です。

お帰りには京ろまんのことをさらに深く知ってもらうために、すべての取引先様にも社員の持つグループ経営計画書をお持ち帰りいただくようにしています。

また、京ろまんグループではエリア長以上のメンバー約30名で 100 VISION 実践塾を月1回開催しています。それは私たちの掲げる「OUR 100 VISION」の目的を理解し、メンバーによる経営計画書作りや、会社の夢と個人の夢を融合させるためにさらなるスキルアップを図ります。「OUR 100 VISION」 については最終章で詳しく説明します。

その他、各事業別では各会議のほか、月一度の社員共有会で対象メンバーを集め、事業の長の思い、今月の進捗、これからのやり方、事業内委員会発表などを行い、より深く自分たちの動きを確認します。

京ろまんグループではとにかく私からはもちろん、幹部から、そして仲間同士の情報の共有を大切にしています。

私がメッセージにこだわるのには理由があります。

それは私が過去に失敗した時、そして苦しんでいる時に恩師のひと言で救われたからです。恩師にとっては何気ないひと言であったとしても私にとっては一生心に残る言葉として今も体に染み入り、大切な判断基準となり、行動指針になっています。

だから私もそんなひと言を伝えられる人になりたい、そう強く思うのです。

ただ、伝えたい人が今、どんな言葉を求めておられるのかはわかりません。私が100の言葉を伝えてもほとんど忘れられると思います。でもそのなかのひとつでもその人の心に響き、その人の人生が変わるきっかけになってもらえれば私は幸せだと思っています。

そのために私はしつこいと言われても、京ろまんグループで働く皆さん、そして私たちを支えていただけるお客様、そして大切な仲間、家族にメッセージを送り続けています。

「人は二度死ぬ」という言葉を聞いたことがあります。一度目は本当に死んで肉体がなくなること、そして二度目は死後、存在を忘れ去られることです。心に残る言葉は、私が将来この世からいなくなったとしても永遠に残ります。もし、ひとつでもそんな言葉がみんなの心に残ってくれれば私は二度死んでいないということになります。今までにたくさんの失敗をして得た教訓をひとつの言葉に残し、今を生き抜く人たちの力となってくれれば。そんな思いで二度死なない道を選びました。

京ろまんグループで働く人は、今は240人ではありますが、今後は500人、1千人と私たちの仲間が増えていくなかで創業の思いを永遠に語り継いでいただければ、自分の人生に悔いはありません。

そんなメッセージをこれからも発信し続けたいと思います。

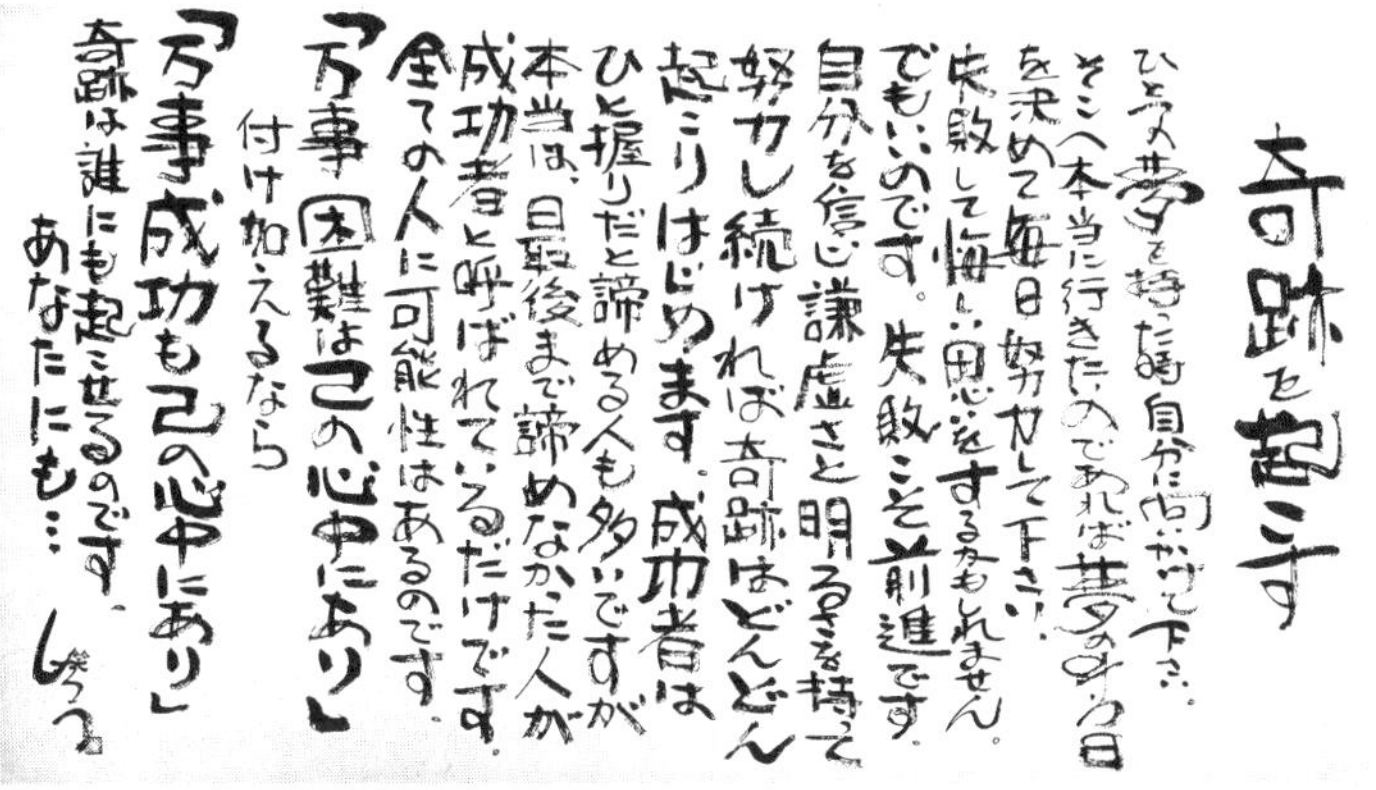
奇跡を起こす
ひとつの夢を持った時 自分に問いかけて下さい。
そこへ本当に行きたいのであれば夢の期日
を決めて毎日努力して下さい。
失敗して悔しい思いをするかもしれません。
でもいいのです。失敗こそ前進です。
自分を信じ謙虚さと明るさを持って
努力し続ければ奇跡はどんどん
起こりはじめます。成功者は
ひと握りだと諦める人も多いですが
本当は、最後まで諦めなかった人が
成功者と呼ばれているだけです。
全ての人に可能性はあるのです。
「万事困難は己の心中にあり」
付け加えるなら
「万事成功も己の心中にあり」
奇跡は誰にも起こせるのです。
あなたにも…

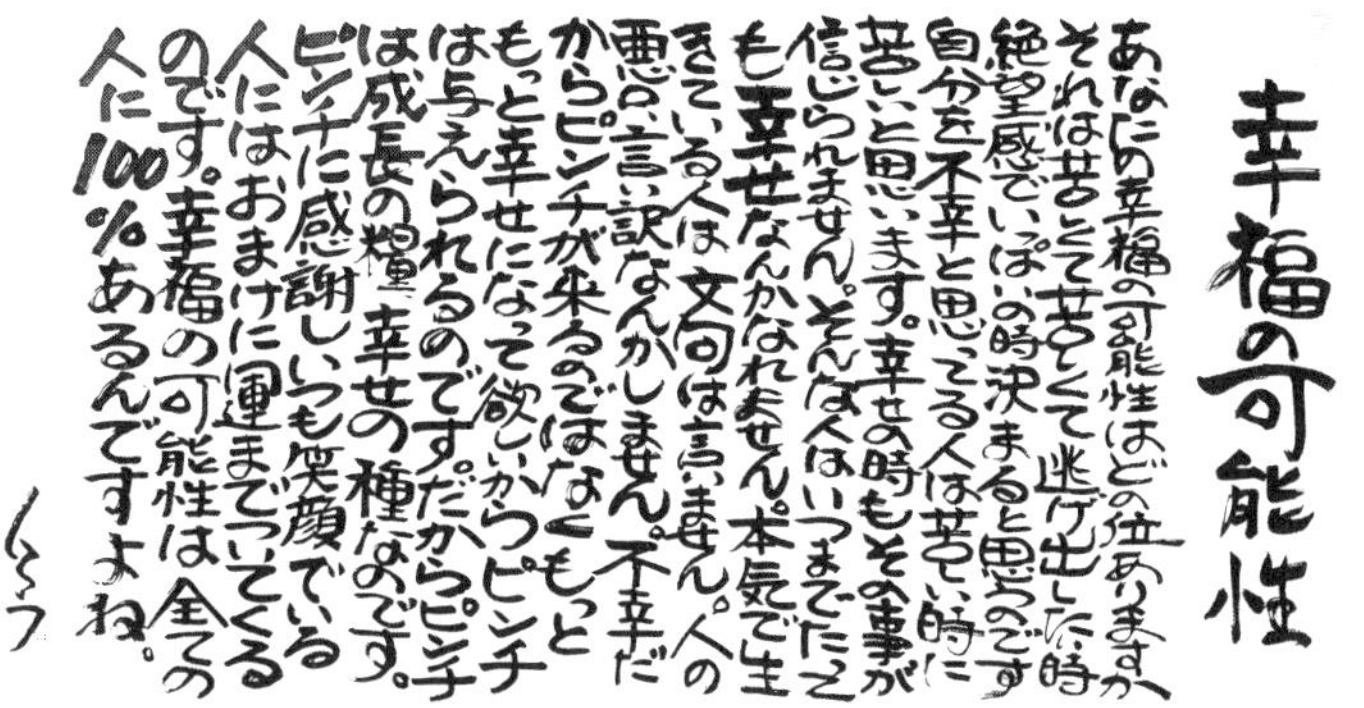
幸福の可能性
あなたの幸福の可能性はどの位ありますか、
それは苦しくて苦しくて逃げ出したい時
絶望感でいっぱいの時決まると思うのです
自分を不幸と思ってる人は苦しい時に
苦しいと思います。幸せの時もその事が
信じられません。そんな人はいつまでたっ
も幸せなんかなれません。本気で生
きている人は文句は言いません。人の
悪口、言い訳なんかしません。不幸だ
からピンチが来るのではなく もっと
もっと幸せになって欲しいからピンチ
は与えられるのです。だからピンチ
は成長の糧、幸せの種なのです。
ピンチに感謝しいつも笑顔でいる
人にはおまけに運までついてくる
のです。幸福の可能性は全ての
人に100%あるんですよね。

会社や店舗に飾り、皆さんに親しんでいただいている2点の書。

判断を誤らない

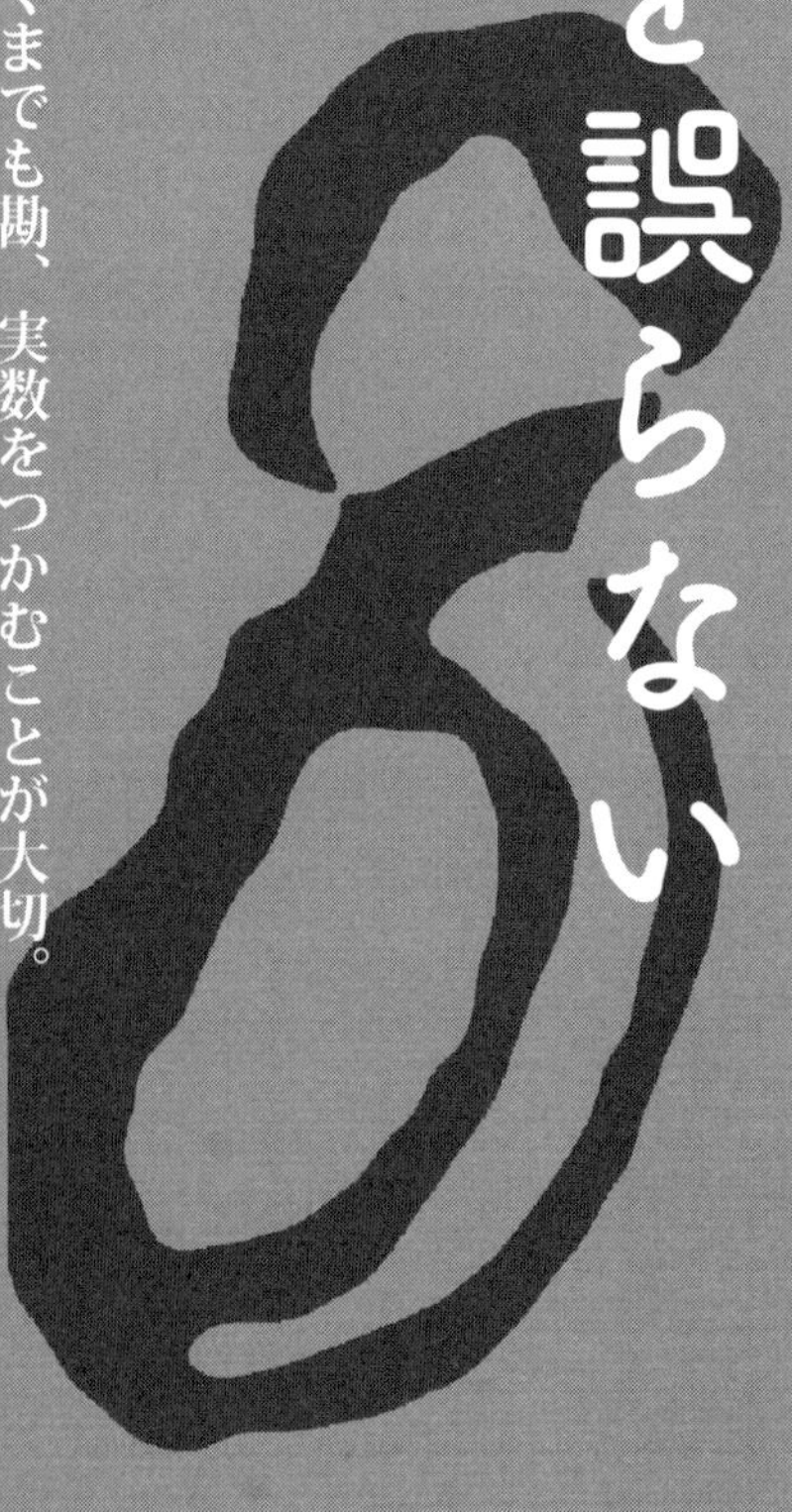

勘はあくまでも勘、実数をつかむことが大切。
コップの水は出さないと新しい水は入らない。
情報は常に入るようにしておくことが大切。
投資と赤字の違いを判断する。

私たちは朝起きて寝るまで、小さな判断から人生を左右する判断まで、毎日さまざまな判断をしています。当たり前ですが、何時に起きるかも、今日どんな服を着るかも判断のひとつ。この仕事を今日中にやるかやらないか、この難しい企画を引き受けるか受けないか、ここに店を出すか出さないかなど、判断も大小さまざまです。

右か左かを決める時、判断基準となる事前情報があるかどうかで判断の正確さや速さは変わります。事前情報とは自分の体験もしくは関係者やメディア、本などからの情報になります。その体験や情報が多ければ自信を持って判断できますが、なんの裏づけもなく勘のみでは間違った判断をしてしまう可能性が増えます。

私は38歳の時、福島県にある株式会社おおみの北川喜一現会長とともに着物の小売りの同業者を全国から集めて「ビジョンセミナー」という人材育成を中心とした勉強会グループを立ち上げました。

着物の小売企画や振袖のパンフレット共同作成など、販売のための勉強会を中心としたグループは他にもたくさんあったのですが、人材募集のやり方、人の育て方、多店舗展開の仕方などを中心とした勉強会のグループは全国でも初めてでした。

ここでは、講師の先生の話だけでなく、自分たちの人材育成での成功事例、失敗事例を包み隠さず発表し、真似るところは真似てそれぞれの会社の成長に役立ててきました。

その他、各社の新店舗出店などのさまざまな情報を得ることができ、経営判断のバロメーターになり、成長スピードが早くなりました。

今年で22年目、セミナー回数も200回を超え、今では、東北、関東、甲信越、中部、近畿、中国エリアの会社が集まり、ビジョングループ各社の年商合計が170億円を超えています。

グループ年商規模では日本一の着物専門店グループとなりました。

8年前には株式会社ビジョングループとして会社を設立して、今では着物専門店だけでなく、写真スタジオの勉強会やさまざまなキャンペーン、また着物業界に役立つ事業も積極的に行っています。


ビジョングループの一員である上で大切にしているのは、自社の情報開示を積極的に行うということです。

コップの水は出さないと新しい水は入らないのと同じで、どんどん出すことにより、他社からもリアルな情報をもらえるのです。

なんでも社内秘として出さない会社もあります。秘密保持契約を結ばなくてはならないくらいの情報なら隠すのが当然ですが、それ以外の情報はほとんど出しても問題はないと考えます。ですから京ろまんグループでは、グループ経営計画書や社内報などもビジョングループ以外にお取引先にもお配りするようにしています。

その方がオープンな姿勢で会社の信用も上がりますし、欲しい情報をお願いした時は積極的にご協力いただけるのです。

京ろまんグループでは間違いのない判断をするためにも情報は積極的に出し、有益な情報が入りやすい状況を常に作っています。

また2、3年続けても黒字にならない事業を赤字と考えるのか投資と考えるのかの判断に困る時があります。

既存店で収益構造がわかっている店においては、なぜ利益が出ないのか、なぜ売上が上がらないのか、それは過去の経験や周りの情報を取ることによって判断しやすい場合が多いです。これが赤字だと判断すれば閉店をする決断は比較的スムーズにできます。

ただ、新規事業の場合は、既存店に比べて判断のための役立つ情報が非常に少ないことや、特に他社にはない特徴を出そうとしてオンリーワンの戦略をとっている場合は先行事例もないわけですから、正直、自分の勘を頼りに進める時もありました。

京ろまんグループには現在4年目に入った観光客向けの着物レンタルの店舗があります。現在は奈良市内で2店舗、京都市内で1店舗の「わぷらす」というお店です。最初、せっかく奈良観光のメイン通りに本社、本店があるのだから、その立地を活かして、国内・海外から来られるお客様に着物レンタルを通じて喜んでもらえる事業をしようと、本社の2階で事業をスタートしました。

2年間くらいは何のノウハウもなく手探り状態で赤字が続き苦労しましたが、コロナ禍を前にして、海外からの多くの観光客や国内修学旅行生などにご利用いただけるようになり、ようやく店も軌道に乗りかけていました。

残念ながらその後、コロナ禍で海外のお客様がお越しになれない状況となり、国内観光客も少なく売上も激減しました。

緊急の対策としてまず、事業のランニングコストを減らし、着物レンタルは日本人観光客に対して好まれる柄に変更したり、花魁体験、着物販売などのメニューを増やす対応をしています。

２０２１年、事業の赤字も４年目となりコロナ禍ではありますが、続けるのかやめるのかを判断しなくてはならない時期となりました。

①この奈良の２店舗においては今は赤字を出しているが、コロナ禍になってからも責任者をはじめスタッフの努力でなんとか赤字幅を最小限に留めている。

②「コロナ禍が過ぎれば行ってみたい国は」というアンケートに、海外の方は日本を一番に選んでくれているなかで、インバウンド事業はまだまだ大きな可能性がある。

③海外の方々、国内の観光の方に着物の良さ、日本の伝統文化の素晴らしさを伝えることで、着物業界の活性化に繋がる。

④着物を着て街を歩いていただくことで、一般の方々にも着物を身近に感じてもらい、

着物販売のお店にもプラスになる。

⑤低コストなSNSなどで宣伝ができて、さまざまな工夫をして事業を軌道に乗せることが可能である。

⑥今後アウトバウンド事業を展開し、海外に日本の伝統技術で創られた数々の商品を輸出販売できる。

⑦京ろまんグループの経営理念の最後の合言葉「世界中に笑顔を届けよう」に合致する。

以上の理由で、今の赤字は投資と考え、逆風に耐え未来に向けての準備を進め、着物事業、写真スタジオ事業に次ぐ、京ろまんグループの柱のひとつに必ずすると判断しました。

そこでコロナの状況を逆にチャンスと捉え、賃貸契約内容も通常よりかなり安くなっている今、京都の八坂神社の南桜門から徒歩2分のところに「わぷらす八坂神社店」をオープンしました。

また、コロナ禍では旅行社や観光ホテルもコロナ明け企画を考えておられる時なので、大手旅行社や近隣のホテルとの業務提携もすべて済ませました。

空いてる時間にはスタッフに着付けやヘア、カメラ技術の研修を強化したり、ホームページ改修、SNS対策などの準備を進めています。

こんな時こそグループ全体で協力し合い、コロナ禍を乗り越え、国内はもちろん海外の方々が帰ってくる日に備えます。

同じ着物レンタル事業でも、すでに短期間で撤退した店舗もあります。

観光客誘致をメインとして再生された商業施設の中で、忍者などの衣装レンタルをやろうとした店や、大型の温浴施設の中で館内衣装をレンタルする店舗などです。

これらは施設自体の事業計画が大幅に崩れ、施設全体の集客の悪さに比例して当社の店舗も売上不振に陥りました。そして、今後も施設としての集客改善の見通しが立たないと判断し、オープンから1年や1年半で撤退することになりました。

そもそも「施設頼み」のコンセプトが脆弱であり、いったん施設の計画が崩れると、我々の努力や方針転換では収益改善ができないと判断したためでした。

これらは、着物レンタル事業という意味では今ある店舗と同じタイプなのですが、その立地や市場環境によって、「未来が見えない赤字」であれば撤退、「未来が描ける赤字」であれば投資として考え、これを撤退の判断基準としています。

給与明細に思いを込めたメッセージ ⑤

2008年度期首から毎月の給与明細とともに、
過去からその時々で自身が感じ、学んだこと、
そして根っからの商売人として持ち合わせる知恵や工夫を、
タイムリーに手書きメッセージにして社員へ届けています。

感謝量

三冊のバイブルの裏表紙に「有言実現」とグループ今期のテーマが書かれています。今期のバイブル26ページにもホンモノの正体として「不言実行」より「有言実行」「有言実行」より「有言実現」それがホンモノと書かれています。私達は先日の経営計画発表会で今期のお取組先様の前でそれぞれの今期の目標を発表しました。もちろんお取組先様は我々の結果に大きな期待をされています。だからその期待を絶対裏切ってはいけない。お取組先様があって私達は商売できているのですから。その事に感謝し恩返しをするのです。人生で悲しい現象は負けグセがついてくること。期待されているのにそれに応えられない。そしてそれが普通になってくると、平気で約束を破るようになってきます。実はその負けグセの原因は感謝量が足りないからなんです。自分が今いるのは回りのおかげと感謝すると人の為のパワーが出て自分の為のパワーの100倍以上の力になると言われています。お客様の、お取組先様の、仲間の、そして家族の喜ぶ顔が見たい。それは感謝なくしては出て来ない気持ちです。今日から感謝量を増やして勝ちグセをつけるぞ!! そして今期も全員で勝つぞ!! しろう

2016.6.25

2016 年 6 月

ダイヤの原石

一人前も一流も人から言われるととても嬉しいほめ言葉です。仕事をはじめて「一人前になったね」と言われるとその世界で通用する人になったと認められた事となります。そして一人前の人が次に目指すべきところは「一流」。一流を辞書で調べるとその分野での第一等の地位、第一級とあります。そこまでならなくても…どうせ私には無理…そう思う人も多いかとは思いますが、ダイヤの原石も最初はその辺に落ちている石と変わりません。でもカットの仕方を工夫し、丁寧に、しっかり磨きをかければ眩しい程の光を放ち、どの宝石よりも美しい石となります。まだ一流と呼ばれてはいないとすれば、まだまだ貴方の磨きが足りないだけ。その為にすべき事はまず目の前の仕事に全力でぶつかること。その上で自分の技能を磨くこと。好きな仕事でないから…仕事は食べる為だけ…と全力でぶつかりもしなければ結局何をやっても、いつになっても中途半端で一人前すらなれません。貴方は必ず光り輝くダイヤになれます!! 毎日が楽しくてたまらなくなります。さあ!! 今日から自分磨きコツコツと

2017.11.25

2017 年 11 月

笑顔パワー

私は小さい時から「笑い顔で得やね」とよく言われていた。
人と話をする時もどちらかというと笑う時の方が多いと
自分でも思っている……。
笑顔は、相手に安心感を与える。
怖い顔をしている人に話しかけたいとは思わないけれど、
「笑顔」の人には話しかけやすい。
笑顔でいると人を受け入れやすくなり、多くの良い出会いがある。

京ろまんグループでは企業理念に「笑顔創造企業」を掲げ、常に元気な挨拶、ポジティブ発言などを推奨し、各店には全メンバーの笑顔ポスターを貼ったり、褒める達人などの研修を受けたりと笑顔になるあらゆる方法を徹底的に実践しています。

そして経営理念の最後には「世界中に笑顔を届けよう」とあるように、私たちの事業を通じて笑顔をたくさん作り、それを世界中に発信する、そんな仕事をしたいと思っています。

笑顔は人を幸せにします。
笑顔は自分も幸せにしてくれます。
楽しいから笑顔になるのではなくて
笑顔だから楽しくなるのです。

普通、人は悲しい時は悲しい顔をします。当たり前の話です。でも悲しい時に顔だけでも笑顔でいると自然と悲しみが薄らぐことを知っていますか。

これは少々ややこしい話なのですが、非常に効果的ですのでおすすめです。

実は、口角を上げるだけで沈んだ気持ちが明るくなる、要するに、楽しいと自然に笑顔になりますが、これとは逆のサイクルで、悲しくても無理やり笑顔を作ることで脳は楽しいと感じ、ストレスを軽減させ、心拍数を落ち着かせるといわれています。

それは顔の筋肉には、楽しい気持ちにさせる神経があり、その神経を刺激し顔から気持ちを楽しくなるように誘導するらしいのです。

楽しい気分やリラックスした状態になると、脳はα（アルファ）波という脳波を出します。

このα波は、集中力を持続させ、記憶力も上昇させる効果があるとされています。

さらに、笑顔は自分が元気になるだけではなく、人に連鎖するため周りの人も自然につられて笑顔になります。そして自分を笑顔にしてくれた相手には無条件に好感を持つため、さらに良いスパイラルに繋がっていくのです。

疲れた時は笑顔を作る。
辛い時も笑顔を作る。
悲しい時も笑顔を作る。

※ただしお悔やみごとやクレーム時は避けてください。

これで今すぐあなたも周りもハッピーになれるはずです。私もその笑顔のパワーにたくさん救われてきました。

「いつも笑顔で命がけ」

私のモットーであるこの精神があったからこそ、さまざまな難局を乗り越えられたと思っています。

この会社で働くことが将来への安心、自分、家族の夢の実現に繋がり、誇りとやり甲斐がある仕事ができ、笑顔の絶えない職場を作ります。全従業員の「楽しくて仕方がない」それを実現します。

京ろまんグループの仲間は常に「最幸」の笑顔を作ります。

原因自分論と感謝の心

今日の自分は過去の自分が作り、未来の自分は今日の自分が作る。
すべての判断はすべて自分の判断、誰にも責任はない。
外部環境に左右される人は、何をやってもうまくいかない。
人はひとりで生きているのではない、
周りに守られて生きていることを忘れない。
周りに感謝すればするほど知らない間に守ってくれる人が多くなる。
感謝できない人は何をしても成功しない。
美味しくご飯が食べられること、仕事ができること、
当たり前のことに感謝してみよう。

私の父が他界したのは1998（平成10）年。そこから毎月お墓参りを続けています。最初は母も一緒に行っていたのですが、3年後に母も他界し、そこからは両親の眠るお墓となりました。毎月の両親のお墓参りは21年間ひと月も欠かしたことはありません。お願いに行っているのではなく、常に私たちを見守ってくれていることに感謝の気持ちを伝えに行っています。

前述したように、業績が非常に厳しくなり、すがる思いで手を合わせていた時、黒いアゲハチョウがお墓と私の周りを何回も回ったことを今も鮮明に覚えています。父と母の眠るお墓での出来事だっただけに、一瞬で応援してくれているなとわかりました。その後、霧が消えるように業績は回復しました。

不思議な出来事でした。

先祖に対して、感謝の気持ちを常に持つことの大切さを知りました。

お墓や仏壇が近くにないとしても、一日一回でもいいですから先祖を思い浮かべて、目をつむり手を合わせて「いつも守っていただいてありがとうございます」と続けていればいざという時に必ず最悪の状況は免れると思っています。

何か不自由を感じて文句を言いたくなる時、なぜ自分だけこんな酷い目にとなる時はありませんか？　こんな話を聞いたことがあります。

ある女性が朝寝坊して会社に遅刻しそうになり、近道をして急いで歩道を走っていました。その時に車が歩道に乗り上げその女性をひきました。彼女は足を複雑骨折し、一生車椅子の生活になってしまいました。彼女は車の運転手を恨みました。「普通に歩道を走っていただけなのに、どうして私だけがこんな目に会わなくてはいけないの？」と彼女の思いはそのことばかりで、会社も辞め、外にも出ることがなくなりました。家族はそんな娘を不憫に思い、一生懸命励まし、世話をし続けました。しかし、彼女は体よりも心の傷が癒せず、どんどんと家族にも文句を言うようになり、人を寄せつけなくなりました。

そんな時ある1冊の本に出合いました。

その本には「感謝の気持ちを持ちましょう」ということがいろいろな事例とともに書い

てありました。彼女は現実を頭でわかってはいても、なぜ自分だけがこんな不幸な目に遭うのかということが頭から離れず、誰に、何に、感謝の気持ちを持てばいいのかもわからない状態でした。

その本の中で「原因自分論」ということが書かれていました。どんな状況になったとしてもすべて原因は自分。他人のせいにしてはいけないという内容です。

彼女にとっては、それもわかるが納得ができないというのが本音でした。しかし彼女は一度自分の行動を思い出し、自分に原因はなかったかを自身に問いただしました。

彼女は気づきました。

「私はあの時朝寝坊して、近道して歩道を走っていました。もし寝坊しなければあの場所を通っていなかった。そうすれば、私は事故にも合わず、私をひいた運転手さんも加害者にならずに済んだはず。原因は私にもあったんだ」

このことを思った時、彼女の恨みは心からすっと消え、それよりもずっと辛い思いで世話をしてくれている両親に感謝の気持ちを持てるようになりました。

そこからは彼女の生活は一変し、自分のような交通事故にあった方々への心のケアを仕事とし、今も元気に活躍しているそうです。

彼女に責任はありませんが、車の事故で悪くなったんだと思い続け、恨み続けると、一生立ち直ることができなかったはずです。すべての要因は自分、すべての原因は自分と思うことで恨みは消えて周りが見え出し、感謝の気持ちが溢れ出たのだと思います。

私の過去を振り返れば、創業時の共同経営者から900万円、土地詐欺にあって3千500万円を取られた時、大手着物チェーン店の倒産でその余波を受けて1億円以上の赤字を出した時、その他さまざまな失敗を繰り返してきました。

でも今こうしてまだ経営者として会社を続けられているのもひとつずつの問題を他人のせいにせず自分の判断の甘さが原因であると本当に心から反省し対策を練ってきたからだと思います。

そんな厳しい時でも自分に原因があると心の底から思えた時に、周りの小さなことでも本当に感謝できる気持ちを持てたのです。

追い詰められた自分から解放され、その問題と向き合うことができた時に、やっと周りのありがたさに気づき感謝の気持ちが素直に湧いてきたのです。

「ありがとう」と口先ではいくらでも言えます。思っていなくても頭を下げることくらいできます。でもそれはあまり意味のないことで、相手にも伝わっていないと思います。感謝する気持ちは心の底から湧いてくるものなので、本当にその気持ちがあるとすれば次の行動に移しているはずです。

元気で歩ける幸せ
仕事ができる幸せ
美味しいとご飯を食べられる幸せ
健康でいる幸せ

など、当たり前のことを幸せに思えることが感謝の気持ちを本当に理解できたということだと思います。すぐに文句を言ったり他人のせいにしたりする人にはこの気持ちはわからないと思います。

私は会社が厳しい時に周りの人に助けてもらいました。

当然すべては自分の経営の甘さが引き起こしたことばかりです。そんな時、普通にテレビが見られる幸せを感じました。普通に寝床につくことの幸せを感じました。その状況を乗り越えた今だからこそ自分の人生をかけて、みんなが幸せになれる会社を本気で作ろうと決心できたのです。

それが本心であるかどうかは、それを思った時にワクワクするかどうか。私は京ろまんグループで働く仲間が生き生きと仕事をして将来の夢を語り合い、そしてその夢をどんどんつかんでいく姿が私の夢です。

「言っていることではなくやっていることがその人の正体」

この言葉は逃げ道のない言葉です。
でもこれが真実。
宣言し、行動します。
私は「原因自分論」と「感謝の気持ち」このふたつを持って仲間と夢を叶えます。

最終章　これからの京ろまん

1

OUR 100 VISION

PURPOSE

《目的》

社員（全ての従業員・家族）とお客様の幸せの実現

MISSION

《ミッション》

100の事業を生み出し成長させる

100人の企業トップリーダーを作る

100事業×利益1億円＝利益100億円グループになる

100年以上続く社会に必要な会社を創る

100％が当たり前の有言実現グループとなる

１００人いれば１００人それぞれの夢があります。

そして１００人いれば１００人異なる生き方があるように、それぞれのやりたいこと、活躍の場所が違って当たり前だと思うのです。


今まで多くの会社の方針は、すべて会社が決めて全員が同じ方向を向いて進む、それで日本の企業は大きくなってきました。

しかしこれだけの情報社会、選択肢も増え、自由な発想でさまざまな事業も起こせる時代になり、会社の決めた方向だけで人を縛ると、会社もそこで働く人も成長が遅くなるのではないかと考えます。

「OUR 100 VISION」は、京ろまんグループで働くすべての人の夢を叶え、お客様とともに幸せになってもらうために掲げました。

これはそれぞれの人が一番やり甲斐を感じるフィールドで楽しく仕事をし、成長してもらうことで達成できると考えます。

「社員の夢と会社の夢の融合」を目指します

優秀な社員が辞めていく理由は「この会社にいても自分のやりたいことができない」「もっと自分が成長できる仕事がしたい」「独立して稼ぎたい」などさまざま。ひとつにまとめるとすれば「自分の夢が叶えられない」ということです。

社員はそれぞれに夢を持っています。

また、トップとして活躍したい人もいれば、二番手としてトップを支える立場で仕事がしたい人、スペシャリストとして技術を磨きたい人、一流の販売員になりたい人、本社で経理や総務の仕事がしたい人など、自分の個性や得意なことは違って当たり前なのです。そのフィールドで活躍したい人のためにさまざまな場所を用意することが必要になります。

「あなたのやりたいことは何でもできる会社」

そう宣言するには、多角化経営を推進し、社員のそれぞれの夢に対応できるようにします。

そしてひとりのリーダーのもと集まったメンバーが得意なフィールドで力を発揮し、一丸となり創社へ導きます。どんどん生まれるリーダーが新たな会社を創り、聖火リレーのように永遠に燃え尽きない100年続く会社を実現します。

ひとつの会社を運営するには組織が必要です。社長もいれば二番手もいます。技術職もあれば販売職もある。本社の事務職もあります。

それを100社創ればば社長も100人いるし、すべての立場の仕事も100倍の人が必要になるのです。

将来自分のやりたい道を自分で選択できる。そう思えることで、今の仕事を未来の自分のために、未来の仲間や家族のために、そしていつも応援いただけるお客様のために頑張れるのです。

「OUR 100 VISION」実現のための多角化経営

京ろまんグループは社員の夢を叶えるために多角化経営を目指し、創社システムを導入しています。

創社というのは創業の精神を持って会社を起こすことで、単なる分社とは違います。

創社には2種類あって、今の事業を引き継ぎ創社する形と、まったく新しく事業を開発して創社する形です。

前者は店を何店舗か持ってひとつの会社にして、新たな社長率いる幹部メンバーで運営する形です。そして後者は今の京ろまんグループの発展に必要な新たな業態を開発して起業する形となります。

どちらもグループ内から自発型社員がリーダーとなり、さまざまな役割を担うメンバーを集めひとつの会社として創社します。

両者とも創社ルールを守り、理念を共有できることが基本となります。

さらに、会社は「人」の集まり、その人たちがやり甲斐を持って仕事ができる環境を作り、それぞれの夢を叶えられる会社を作ることが使命となります。

社員のなかにはもっと所得を増やしたいと思う人もたくさんいます。そんな人のためにも創社ルールのなかに、頑張ったら頑張った分だけ報酬面で評価される形を作っています。

特にリーダーとなる社長、幹部においては会社の成績が上がれば通常の給料の何倍も取ることが可能な体系を取り入れています。

リーダーになりたい人、それを支える仕事をしたい人、スペシャリストになりたい人、販売員として現場で頑張りたい人、京ろまんグループの創社にはさまざまな人が自分の好きなフィールドで活躍し、やり甲斐を感じてもらえる仕組みを作っています。

その他、京ろまんグループの仲間に入ってもらいたい会社を外部からM&Aし、多角化のスピードを上げます。その後に、グループ内から相応しい人材を投入することで、グループとの融和を図ります。

多角化経営成功の重要な鍵は創社した会社が早く軌道に乗り、売上、利益を確保することです。

そのためにも京ろまんグループの既存のお客様が喜んでいただける事業に特化し、さらに京ろまんモール（この後に詳しく説明します）を活用することで、より安全な創社経営を実現します。

「OUR 100 VISION」実現のためのボトムアップ経営

多角化経営に必要な自発型社員を育てるには権限委譲が必要になります。そのためにトップダウン経営とボトムアップ経営をミックスさせる形で、社員の自主運営の場を推進しています。

そのひとつに社員による委員会活動があります。

例えば、事業部内であるテーマを決め委員会を設けます。委員会メンバーは極力現場に近い社員で構成されていて、目標を決め、計画を立て、問題点の発見から解決まですべてを行います。委員会で決まったことは事業部のルールになることも多いのです。

実際、今まで上層部が決めてきたことでも、新卒2、3年目のメンバーが参加する委員会に託す案件も多く出てきています。

さらに事業が増えてくると、その事業部間に横串を刺す形の委員会も作ります。要するに、通常各事業は縦割りの組織が多く、同じ会社内でも交流が少なく、仲間でありながら協力し合えない組織が増えてきます。それを解消するためにも各事業からメンバーを集めて委員会を構成し、活発な交流を図り、テーマに対する成果を出します。

京ろまんではＣＳ（顧客満足）委員会やＥＳ（従業員満足）委員会、美化委員会、コスト削減委員会、ＷＥＢ委員会などがあります。

このように事業部内、事業部間にさまざまな委員会を作ることで、問題を解決できることのほかに、委員長はじめナンバー2の選出や、それぞれのサポート役などでひとつの組織を作り、会社運営の擬似体験をしてもらっていることになります。優秀な委員長になり未来の社長を目指すことができる、またそれぞれの役割で活躍できる、と思える良い機会にして欲しいと考えています。

また、京ろまんグループでは各会社、各事業部の年間の経営計画書作りも、エリア長以上のメンバーが行っています。

半期が過ぎたころに、残りの半年間かけて次年度の計画を練ります。当然その期はまだ終わっていませんので、まず今期の業績予想を立てて、今期足りないところや来期やりたいこと、目標数字など自由に発言し、計画に盛り込んでいきます。

会社から下されてきた経営計画より、自分たちで作った経営計画の方が、はるかにやる気が出るのは言うまでもありません。

そして、将来的には、そこで稼げた利益をどう分配するかまで自分たちで考えてもらう自主配分システムまで進化させます。

「OUR 100 VISION」で必要な多角化経営は自主運営（自主計画、自主目標設定、自主実行管理、自主結果評価、自主配分）を積極的に取り入れ自発型社員が増えることで加速します。

「OUR 100 VISION」実現のための社風経営

多角化経営により、たくさんの会社や事業が出来上がるとそれぞれがそれぞれの進み方をするようになります。すべてが自由であっていいとなればグループはバラバラになってしまう可能性があります。そこで大切になってくるのが経営理念であり、グループの運営ルールなのです。

「互いが成長のために切磋琢磨し、協力し合う」

この社風を築かない限り、会社が増えれば増えるほどコントロールはきかなくなります。社会にはルールがあります。国でいえば法律です。私たちはその法律のなかで自由に生きています。犯すと犯罪です。これが社会です。

私たち京ろまんグループもそのルールに則って自由に事業を起こし、夢を叶える。これが健全な多角化経営であると考えます。

さらに社風経営のなかで大切になるのは、お店のブランディングです。

「京ろまんグループのお店は◯◯なイメージ」

それがお客様から見て企業の優劣を決めます。

前述しましたが、ブランドを作るのはすべてそこで働く「人」です。

『人が会社を創り、人がブランドを創る』

お客様に感動いただけるお店にするには、商品、サービスがいくら良くても接客が悪ければ良いお店とはいえません。
良いお店とはお店で働く人がよく気がつき、動きがスピーディーで、お客様のことを一生懸命考えるスタッフのいるお店のことです。

明るく楽しく、全員が協力的で、積極的な社風がお客様に感動を与えるスタッフに育て上げます。

「OUR 100 VISION」実現のための業績管理システム経営

会社の改善点は正確な数字の把握ができてこそ発見できるものです。事業が増えてくると曖昧になることも多くなり、対策を練るのが遅れてしまうと非常に危険です。
京ろまんグループでは、「部門別管理会計」を導入し、各店ごとの業績把握に生かしていますが、以前は「翌月下旬に資料が出て、月末に取締役会を開催する」というのが通常でした。ただ「これでは対策が遅くなる」と危機感を感じた竹内取締役管理部長の号令の下、「5営業日での月次決算」のプロジェクトが始まりました。営業部門の協力も得て半年がかりの業務改善の結果、毎月5営業日後に全部門の業績がわかるようになり取締役会も月初めの開催に変わりました。おかげで今は非常にスピーディーな対策が打てるようになっています。今後はさらに進めて「日次決算」ができるシステム構築を目指しています。

このように早期に発見した問題点を少しでも早く解決するためにＰＤＣＡを回す期間を短くします。月1回の店長会議で解決していると、年間12回しか回りません。これでは成長スピードは非常に遅くなります。

店長会議は最低月2回、さらに各委員会でのＰＤＣＡは週1回、回すことでかなりの問題点はスピーディーに解決できます。そして細かい問題に関しては毎朝の朝礼にて解決するようにしています。

会社も人も間違いを起こします。それを放置するのか、すぐ解決するのかで未来は大きく変わります。

「OUR 100 VISION」における業績管理システムをより精度の高い仕組みにすることで、問題解決能力を高め、成長スピードを上げます。

「OUR 100 VISION」実現のための採用活動

多角化経営を成功させるために常に新たな人材を入れ続けることが大切です。できる限り毎年新卒採用を行い、階層を作っていくことが成長しやすい土壌を作ります。

入社後、フレッシャーズキャンプという研修で自由な意見と発想を養う研修を1年間続けます。そして先輩となる2年目になると、どんどん社会人としての意識も変わると同時に、責任のある仕事を任せていきます。さらに日々の現場での勉強やさまざまな集合教育などを繰り返すことで、ボトムアップ経営で育った社員の段階が三層、四層と増えていくなかで、優秀な自発型社員が生まれるという仕組みです。

大切なことは、会社がどんな状況下にあっても毎年新卒社員を取り続けること、そして自発型社員に育てる努力をすることです。それが「OUR 100 VISION」の成功の鍵となります。

「OUR 100 VISION」実現のための「100ビジョン実践塾」の開催

また、京ろまんグループでは「OUR 100 VISION」を浸透させるために、各事業のエリア長以上のメンバーを集めて「100ビジョン実践塾」を開催しています。「OUR 100 VISION」の思いの共有、自発型社員の育成、多角化経営の考え方・進め方、創社のやり方、経営計画、また各事業部での成功事例の共有などです。

社員の夢と会社の夢の融合を図り、社員（全ての従業員・家族）とお客様の幸せを実現する「OUR 100 VISION」。京ろまんグループではこれこそ会社を未来永劫発展させ続ける唯一の方法と考えます。

京ろまん、未来に向けて突進中。

給与明細に思いを込めたメッセージ　⑥

2008年度期首から毎月の給与明細とともに、
過去からその時々で自身が感じ、学んだこと、
そして根っからの商売人として持ち合わせる知恵や工夫を、
タイムリーに手書きメッセージにして社員へ届けています。

商人の五つの条件

商品を売って、又サービスを提供して利益を得る人を「商人」といいます。経営者であろうが、勤め人であろうがその様な商行為をしている人は皆同じ商人なのです。お客様から見ると貴方は店の顔、貴方が店の看板になっているのです。だから店頭に立つときはプロとして、商人としての覚悟を持って立たなくてはならないのです。その為にも左記商人としての五つの条件を実践して下さい。

一、「正人」であること—嘘をついたり、偽りをしないで、正直で正しいことをしなければならない。

二、「省人」であること—利益を出すにはムダをなくし、効率的に仕事を進めなければならない。また反省して改善することが必要である。

三、「匠人」であること—知識や技術、技巧に優れていなければならない。素人と同じようなレベルでは失格である。

四、「笑人」であること—いつもニコニコしていて、お客様を明るい気持ちにさせるとともに、楽しい話題を提供する人でなければならない。

五、「勝人」であること—商売は趣味ではないので、是が非でも勝たなければならない。勝つことに執念を燃やすことが必要である。

この五つの条件は昔からある教えですが現代においても全く変わらぬ。そして通用する考えであります。全員が商人、その意識をしっかり持って今日もお客様に感動をプレゼントして下さい。笑

2018.10.25

2018年10月

任せられる人 任せられない人

プレッシャーに強いタイプは普段から「おもしろい」「楽しい」「なんとかします」という前向きな言葉を使う事が多く、逆にプレッシャーに弱い人は「どうしましょうか」「無理だと思います」「なぜ私が」「どうしてもと言うならやります」といったネガティブな発言が多いそうです。

任せられる人

①「どうすればうまくいくのか」を積極的に考え実践する成長マインドを持っている人
②任せられた「責任」に対するプレッシャーやストレスに打ち勝ち、実力を発揮できるメンタルを持つ人
③目の前の仕事を好きになる努力をし、楽しさを見つけそれを回りに伝え、仲間と思いを一つにできる人
④最終ゴールに対し積極的に動き、結果に評価を理解して仕事に取り組める人

任せられない人

①批評ばかりして打開策を練らない。批判が多い人
②指示がないと動かない。会社全体での自分の位置を理解しない。全体思考ができない人
③言い訳、仕事を投げ出す、人を見下す。人間的に問題あり
④同じ失敗を3回以上繰り返す。失敗を真剣にとらえない人
⑤任された仕事に責任感のない人。何でも自分が一番でできない理由は会社や環境のせいにして感謝心のない人

今からもっともっと仕事を楽しみ安心して仕事を任せられる人になろう!!　笑

2019.2.25

2019年2月

2

未来を描く
銀河計画

PURPOSE
《目的》

社員（全ての従業員・家族）とお客様の幸せの実現

MISSION
《ミッション》

OUR 100 VISION を推進し、
「心の豊かさ」を大切にした事業を集めた
京ろまんモールを成長させる

京ろまんモール誕生

京ろまんには「プレミアろまん友の会」というお客様の積立制度があります。

これは、毎月3千円とか5千円、なかには1万円、2万円と京ろまんのお買い物のために、お積み立てをしていただく制度です。12回で1割のボーナスがつき、大変お得と現在約3千名のお客様にご入会いただいております。

ただ、着物のお店でご入会いただいたお客様は着物のお店のみのご利用で終わり、京ろまんグループにその他のお店があることすら知らない会員様も多く、友の会でお金がたまっているのに、使わず置いてあるといった機会損失も多くなってきました。

その上「OUR 100 VISION」の経営戦略のもと、京ろまんグループではここ数年で事業が大幅に多角化し、今後、ご利用の機会はまだまだ増える予定です。その内容は、現在だけでも着物販売、写真スタジオ、振袖販売・レンタル、袴レンタル、ジュエリー販売、健康商品販売、着物学院、観光用着物レンタル、芸者花魁体験、エステサロン、結婚相談所、EC事業、レンタルホール（和桜）、着物メーカー、企画印刷事業などなど。

そこで、どこのお店から入ってもらっても京ろまんグループのすべてのお店、業種がわかり、ご利用いただきやすくなるツールとして「京ろまんモール」アプリが必要になりました。

「京ろまんモール」は、今までの友の会積立会員様のご利用に加え、アンケート記入で簡単にご入会できる形の「モール会員様」もあり、２段階でのお客様の固定化を図ります。

また、「京ろまんモール」アプリをダウンロードされたお客様は京ろまんグループのすべての事業を店舗別、業態別に検索でき、さまざまな店舗やサービスを便利に利用することができます。

さらに積立会員「プレミアろまん友の会」のお客様はお得度が大幅アップしたり、積立金額の残高を簡単に確認もできるようになります。

モール会員様も利用しているうちに友の会の良さを知ることができ、積立会員様にランクアップしたくなるようなお得な内容となっています。

実店舗にお越しいただく新規のお客様に対して「プレミアろまん友の会」のご入会説明をする時も、京ろまんグループの幅広い事業内容をご提案できることで、入会促進と退会防止に繋がります。

京ろまんモールは、新規のお客様の獲得、顧客の固定化、また互いの事業間どうしでの送客のし合いが非常にやりやすくなり、各事業の売上アップにつながります。

京ろまん側からはプッシュ通信で一度に大勢のお客様または個別に、必要な情報をお届けすることもできますし、さらに今後、オンライン通販やライブ番組など地域を超えたサービスも開始します。

ライブ番組は京ろまんのライブ販売会やライブセミナー、各事業の情報などをリアルタイムで配信します。

「京ろまんモール」のアプリ。これひとつで京ろまんの大きなフィールドに繋がることができる。

App Store

Google Play Store

例えばグループ内に大和美流着物学院がありますが、定期的にライブ着付け教室や着物セミナーなどを開催し、着物をお求めになられたお客様へのサービスや、着物をご自身で着られるようにお手伝いをします。

そして着物の店のライブ展示会を開いたり、エステではお顔のお手入れ、アンチエイジングなどのセミナー等、いつも会っている顔馴染みのメンバーがライブでお届けすることで、お客様がお家にいても来店したかのような安心した接客を実現します。

京ろまんモールは外注ではなく、社内に企画室を設置し、グループ会社のいい販促株式会社の兼石社長と共同で開発しているので、新機能や新企画を取り入れるスピードも早く、柔軟に対応ができるところが大きな利点となります。

京ろまんモールは京ろまんグループ全社あげての最重要企画として、モール会員数100万人、積立友の会会員数10万人を目指してスタートしています。

銀河計画

京ろまんグループの未来の創り方として銀河計画があります。

例えば、太陽を京ろまんモールの「モール会員様・友の会会員様」とし、地球や火星、土星のような惑星を「創社された各事業」と考えます。

お客様である太陽をもっと大きくする↓　**モール会員様、友の会会員様を増やす**

各事業である惑星をたくさん増やす　↓　**創社を増やし多角化経営を加速する**

私たちの中心は、モール会員様、友の会会員様であり、その周りに創社された会社や事業がある、要するに太陽系のような関係で存在するという考え方です。

これを銀河計画と呼び、京ろまんグループの成長の基本思考と考えます。

「今よりもっと幸せに暮らしたい」

「家族との時間を大切にしたい」

「より上質な商品に出会いたい」

「より快適なサービスを受けたい」

京ろまんグループの商品、サービスをご利用されるお客様には、このように思われる方が多くおられます。そのため、コンビニや各種大手通販で見られるような、便利さや安さ、スピードを求められる流通とは一線を画し、「もっと豊かに暮らしたい」というお客様のご希望に応える商品、サービスを整える必要があると思っています。

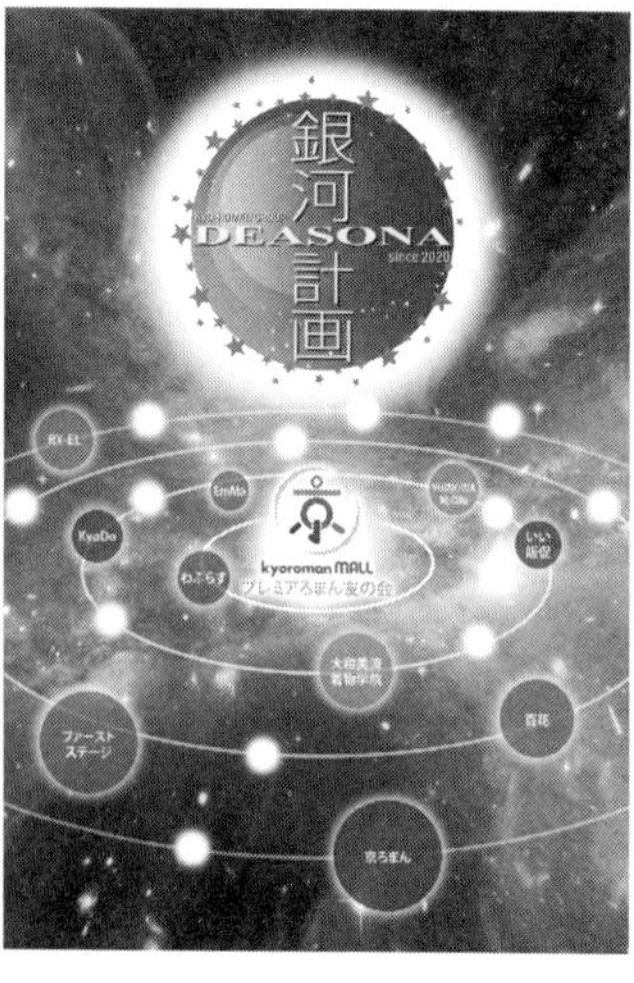

これからはＡＩの時代、人間に変わって人工知能が発達し、車の運転はもちろん、晩御飯のレシピ、戸締り、服のコーディネート、明日の予定組み、調べ物など、私たちが何も考えなくても生活ができる時代がすぐそこまでやってきています。

事実、この数年で楽天やAmazonの発展で、リアル店舗は大打撃を受け、買い物に対して動かずに自宅からなんでも買えるようになってきました。どんどん便利になる競争が激化し、必要とされないお店や仕事が急速に増えるといわれています。

しかし京ろまんグループでは、そんなAIの時代になっても大切にされる人と人との心の触れ合いを軸とした事業、いわゆる「心の豊かさ」を求める事業は永遠に残ると考えます。今後もそんな事業を中心に「京ろまんモール」を増強していきます。

そして、京ろまんモールの会員様が5万人、10万人と増えてくると京ろまんグループ内で創社した会社は京ろまんモールに名前を連ねるだけで、それだけの多くのお客様を持つことになります。

特にモール内のプレミアろまん友の会の会員様は毎月お積み立ていただけ、何に使おうかと考えていらっしゃるお得意様です。その会員様が1万人、2万人と増えていけば、京ろまんモールに新規の事業で創社しても最初からお得意様が1万人、2万人いらっしゃるということになります。

企業発展の要は「新規のお客様の獲得」です。そこに費用と時間をかける会社が多いなか、京ろまんグループの創社はモール会員様にあった商品、サービスを揃えることで、早期の安定経営が見込め、安全な多角化経営を加速できるのです。

今後、衛星を増やす方法として、グループ内からの創社だけでなく、M&Aや事業提携も積極的に行います。

社員（全ての従業員・家族）と、
お客様の幸せの実現のためにあり、
OUR 100 VISION を推進し、
「心の豊かさ」を大切にした事業を集めた
京ろまんモールを成長させること。

京ろまんグループの銀河計画はこれが成功の鍵となるのです。

給与明細に思いを込めたメッセージ ⑦

2008年度期首から毎月の給与明細とともに、
過去からその時々で自身が感じ、学んだこと、
そして根っからの商売人として持ち合わせる知恵や工夫を、
タイムリーに手書きメッセージにして社員へ届けています。

全部出て□

2020.9.25

私は毎月、父母のお墓にお参りをしています。そのお寺に貼ってあった言葉を読んでハッとしました。以前にも見たような気がしていたのですが、あらためて読むと確かにそうだ

性格は顔に出る
生活は体型に出る
本音は仕草に出る
感情は声に出る
センスは服に出る
美意識は爪に出る
清潔感は髪に出る
落ち着きのなさは足に出る

と言うことが書かれていました。その中でも本音は仕草（行動）に出る。言っている事よりやっている事がその人の正体ということ。また、生活は体型に出るも、確かにそうだと思います。生まれた時は皆0《ゼロ》スタート。そこから少しずつ親や友達先生、等の影響を受け性格が形成されます。今日までの数知れずの決断が自分の良い所も悪い所も作ってきました。それが身体の一部に正直に出ているのだなと再確認しました。「過去と他人は変えられないが自分と未来は変えれます」。弱いところは勇気を持って変える。今日の決断が未来の自分を創ります!!

2020年9月

今を本気で生きる

2020.10.25

人生の最後を迎える時の後悔ベスト10の中に「リスクを恐れず色々挑戦すれば良かった」「自分の情熱に従って生きるべきだった」とありました。人生100年時代に突入して時間は増えたが何もせずにただ生きるだけの人生は逆に苦痛かもしれません。「人生にリハーサルはない」と言う人もいます。だからこそ今の時間、毎日を充実した過ごし方をしたいものです。そう言えば今をリセットして違う世界にとなる人もいますが、今を楽しむことができずに他で楽しめる訳がありません。それは今を逃げているだけ。最初は良くても同じ苦痛が待っているのです。「今を本気で生きる」これこそ自分の最幸の人生を歩む一歩になるのです。その為に今の仕事や生活と本気で向き合うところから始めなくてはなりません。今まで、やった方がいいと分かっているのに逃げていた事など徹底的に正面から向き合う。失敗したらその失敗とまた本気で向き合う。それを繰り返す。それで一つでも満足に結果になればそれが今後の自分の生きる自信となるのです。「自分を信じれる自分になる」楽しい人生の一歩です。

2020年10月

3

千年創匠プロジェクト

PURPOSE
《目的》

和装業界の匠の技を継承し未来へ繋ぐ

MISSION
《ミッション》

- いいものを全員で磨き、和装業界に革命を起こす
- 伝統技術の継承、人材募集・育成
- 日本ブランドとして世界に通じる商品開発と販売支援

着物業界では川上、川中そして川下といった言い方があります。

川上というのは着物や帯を作ったりする、ものづくりをしている会社、またメーカー機能を持って買い付けをする会社のことです。

そして川上で作られた商品を買い付けし小売店に卸す、いわゆる問屋といわれる位置が川中です。

そして一般消費者に向けて販売する小売店や百貨店などを川下といいます。


着物業界は約30年前は1兆5千億円の市場規模がありました。現在は約2千800億円、約5分の1以下に縮小していますから、川上、川中、川下どこの位置においても厳しい状況と言わざるを得ませんが、そのなかでも家業に近い形で営なまれているメーカーである川上が一番経営が厳しいといわれています。

創業400年以上続いてるメーカーもあり、日本を代表する染め、織の製作技術を有し、ひとつひとつの商品も素晴らしいものであるにもかかわらず、残念ながら職人の高齢化や売上不足による経営悪化など、今の時代を生き抜くことができずに、日本の伝統技術を受け継げないままに消滅する、そんな日本の損失ともいえる悲しい状況が続いています。

今から7年前に着物の帯を出織※（でばた）で織っている丹後エリアでは、織機が10年で3千台から1千台に減ったと聞きました。原因は職人の高齢化によるものが大きく後継者も作れず今もなお減り続けているといいます。

理由は、今の若い人たちは家業でやっている仕事に興味があってもなかなか飛び込めない、将来が不安というのが本音で、技術を伝えきれずに廃業し、希少価値のある西陣織の小幅※の織機も廃棄するといった状況になっています。

私はそれを聞いた時に着物の帯の将来の危機を感じ、いてもたってもいられず京ろまんグループの川上の仕事をする株式会社KyoDoの中島社長と一緒に丹後を訪れました。そして宮津市の当時の市長とお会いし、廃校になった小学校をお借りしてそこに廃棄する織機を20台程度移動させ、ひとつの職場として新たな職人候補を育成するアイデアで賛同を受けました。

実際に候補校も見つかり、具体的な話をしていたところ、残念ながら地元の方の廃校利用との隔たりで話し合いがうまくいかず、その話はなくなりました。

伝統技術を継承するためになくてはならない人材、職場作り、必要なことはわかっていてもさまざまな障壁があること、簡単には前に進まないことを勉強しました。

しかし、伝統技術による日本ブランドを構築し、世界に向けて発信するためには必ず通らなくてはならない事業であることは確信していますので、再度チャレンジすると決めていました。

その後、京ろまんだけでは厳しいと判断して、川上、川中、川下の会社に参加してもらい、それ以外にブランディングの会社、若い人に人気のある大手イベント会社、企画会社などをメンバーとした『千年創匠プロジェクト』をスタートしました。

※出織（でばた）＝丹後では帯の製作はほとんどが家内工業で、一般の家に1台から2台の織機を有す。そのことを業界内では出機と呼ぶ。
※小幅（こはば）＝着物の帯の幅のこと。織物を織る場合、織り幅が小さい方が細かい技法でさまざまな柄を作ることができる。

ミッション（使命）は「和装業界革命」

この項目の1ページ目に掲げた言葉は、千年創匠プロジェクトの目的と使命です。

現在も和装業界をとりまく環境は依然厳しく、「技術者の高齢化」「継ぎ手不足」「閉鎖的」「売上不足」などさまざまな課題を抱えています。

それは長きにわたり継承してきた貴重な伝統技術がありながら、今の時代の変化に対応できず、メーカーとしての経営が厳しくなったところに原因があります。

千年創匠プロジェクトは、そのような会社にスポットを当てて今の時代に経営として成り立つ方法の提案をします。

例えば、技術を守るための「担い手の育成、派遣、マッチング」を軸に、問屋と小売りを繋ぐハブとして活動することで、メーカーという上流から業界全体の新陳代謝を促します。

また、新商品提案、新規事業開発、ブランディング、資金調達などのお手伝いをします。

そして、千年創匠プロジェクトは着物メーカーから卸、小売り、金融機関、投資家まで、着物関連の業者またそれ以外でもたくさんの会員を集い、互いに協力し合うシステムを構築します。

単に衰退を救済するのではなく、未来へ繋ぐプロジェクトとして活動します。

「いいものを全員で磨き、和装業界に革命を起こす」

これが千年創匠の使命と考えます。

そして、そのイノベーションが産地を救い、町を活性化し、日本の伝統技術を世界へ発信することに繋げたいと考えます。

千年創匠プロジェクト　事業概要

人材募集
売上対策＝新商品開発・取引先拡大
資金調達＝銀行・クラウドファンディング・出資、助成金補助金確保
ブランディング＝広報・ホームページ作成・オンラインビジネス・ＳＮＳ等
相続対策＝Ｍ＆Ａ
経営相談全般
各種保険相談

２０２１年３月、千年創匠プロジェクトメンバーの関西コレクションエンターテイメント様の協力で、20回記念となる関西コレクションのひとつのステージで千年創匠主催で着物のショーを展開することができました。

目的は今の10代、20代の若い方々に着物の素敵さを感じてもらい、映像で職人の現場を見てもらうことです。

出品に協力いただいたのは染めと織、絞りなどの技術を駆使した有名作家の先生方、和田光正先生、千地泰弘先生、丹下雄介先生、青野保夫先生の作品や400年以上の歴史を持つ有松絞りの株式会社竹田嘉兵衛商店様、100年以上の歴史を持つ西陣織の株式会社高島織物様とコラボレーションした着物を、18歳の有名インスタグラマーや100万人以上のフォロワーを持つティックトッカーの7人の女性がモデルとなり、ステージで披露しました。

感動の素晴らしいステージとなり、コロナ禍で来場制限はあったもののLINE同時配信も含めて10万人以上の方々に見ていただきました。

またその後も各オンラインニュースやすべてのモデルにYouTube、Instagram、TikTokなどでも配信してもらい、総数にすれば100万人以上の方々に着物の魅力と職人の技を伝えることができました。

まずは、千年創匠プロジェクトの名前、伝統技術をもって製作された着物の素晴らしさを多くの若い方々に知ってもらえたことは今後のプロジェクトを進める上においても、大きな一歩だったと思います。

２０２１年秋の関西コレクションのステージにも再度参加し、会場には千年創匠のブースも作る予定です。絞りの実演をはじめ、多くの若い方々に日本の伝統の技を知ってもらいたいと考えます。

今、千年創匠プロジェクトでは、この主旨にご賛同いただける川上の企業様、また個人操業されている皆様のご登録をお待ち申し上げます。

おひとりでも多くの川上支援者も募集しています。

川中、川下の企業様や特に業種は限りません。千年創匠を通じて一緒に川上の皆様を支援していこうとご賛同いただける企業、個人の方々のご参加お待ちいたしております。

2021 年 3 月に開催された関西コレクションに、千年創匠の着物ショーで参加。

時代が変化し
「自分も変化し
ちゃんと生きてる
進化した自分を
ほめてあげよう

■「千年創匠プロジェクト」について

「和装産地の活性化」、「技術伝承のための次世代の人材育成」、「和装事業の流通改革」などのプロジェクトに関心をお持ちの方や、一緒に働きたいとお感じの方、ぜひご連絡ください。

千年創匠プロジェクトに興味をお持ちの方は、右の QR コードから WEB サイトのお問い合わせフォームでお気軽にお問い合わせください。

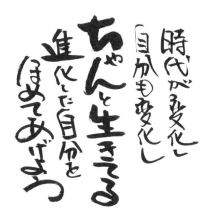

最後に

「ここまで来るのに35年もかかりました」

「でも続けてきて本当に良かった」

これが今の正直な気持ちです。


今はＡＩが発達し、そして５Ｇスマホやオンライン通販、Zoom会議など、創業当時の私の想像をはるかに超えたツールで溢れています。情報量も何万倍ともなるのでしょう。今は起業するにおいても、頭を使うことさえできれば小資本で、成長スピードもはるかに早い時代です。


私のやってきた35年間を今の若い起業家が聞くと、もっとちゃんとすれば、そのくらいの会社は簡単に作れると思う方が多いかもしれません。

確かに、私は大きな回り道をしてきたようにも思います。私の頭脳のすべてを使ってやってきた結果が今です。これがすべてです。

じゃあ、それに後悔しているのかといえば、私はまったくしていません。

さまざまな失敗はしたけれど、一度も諦めずに全身全霊をかけて35年間経営を続けて来られたこと、そして今からの成長が楽しみな会社を作れたこと。時間をかけたわりに大したことはできていないかもしれませんが、一緒に頑張れる仲間をたくさん作ることができました。

「継続は力なり」

付け加えるなら、本書のカバーにある言葉、

「あきらめず続けることが一番近道でした」

人生はこの言葉の通りだと思います。

助けていただいた皆さんに心より感謝し、私はこれからの人生でまた新たなチャレンジをしていきたいと思っています。

２０２１年４月、私は還暦を迎えました。

下の書は１年前にテレビで、90歳を迎えるお婆さんが「このまま１００歳まで元気に生きて好きなことをしたい」と言っておられた姿を見て、感動して私が書いたものです。

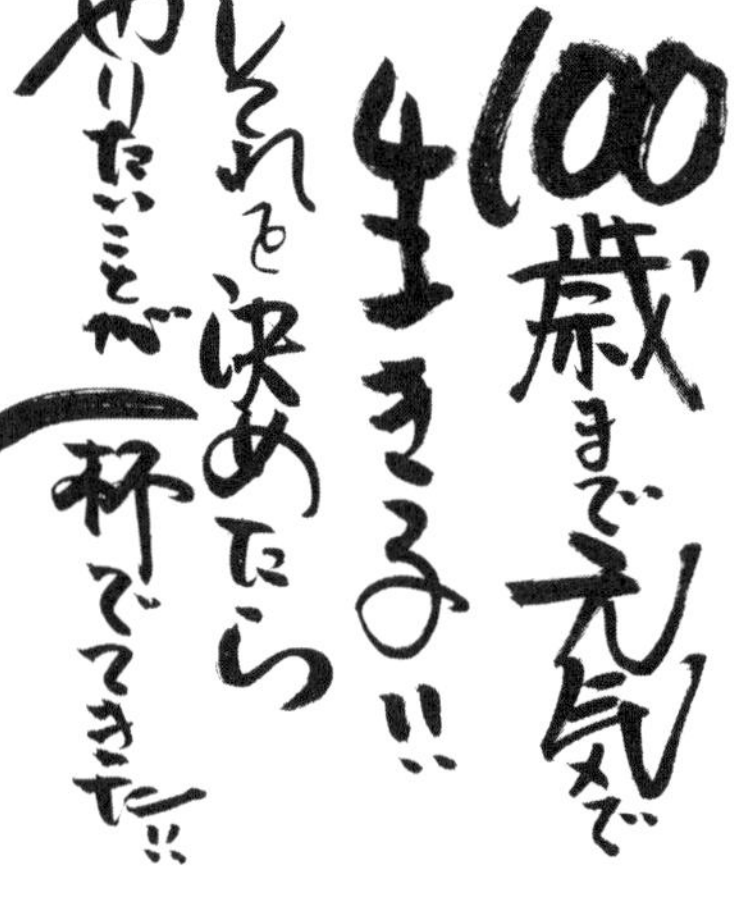
100歳まで元気で
生きる!!
それを決めたら
やりたいことが一杯できた!!

その言葉に出合うまで、私もあと10年で引退、あと15年経てば自分はこの世にいないかも……。そんなことを考えながら、事業の総まとめを進めてきました。誰に事業を引き継ごうとか、仕事人生の終末をどう迎えようとか、何か店じまいをしようとしている自分がいました。

しかし「１００歳まで元気で生きる!!」と決めた瞬間から、60歳からあと40年もある！

創業して35年、そう考えれば今までの倍以上の時間があり、やれることもまだまだある!!

そう考えるようになったのです。


これからの時間を生かして、まずは会社のメンバーが生き生きと働ける会社を作る。

そして社員が自分たちのやりたい夢を叶えられる仕組みを作る。

そして京ろまんグループをどんどん大きくし幸せの大輪を咲かせる。

その土台を作ることが私の使命であり私の本当にやりたいことだ。


そう気がつきました。

そしてこの10年でやり遂げることとは「世界一の和のイノベーショングループを創る」ことに決めました。

和の持つ意味

日本・和文化（伝統文化、和の心、感動）

大和（日本の始まり、奈良）

調和（組織運営、発展）

和む（社会の役に立つ、世界平和）

イノベーションの持つ意味

革新・新結合

新しい切り口・大きな変化

新しい活用法

和の心を組織し、新しい切り口の感動事業、心を豊かにする事業をどんどん生み出し成長させ、京ろまんモールをプラットフォームに、奈良から社会の発展と世界平和に貢献する企業グループを目指します。

そのためにも、一緒に夢を叶える仲間をもっと集いたい！

個人でも、企業でも、京ろまんグループに賛同いただける方と出会いたい！

そしてそれらをやり遂げた後に、私の晩年の夢であります「名言書家」を目指します。

そのために、今から習字を本気で勉強します（汗）

商売人生の荒波を越えてきた経験を生かして生き方を伝える、そんな書家になって人々の心に残る言葉を書き続けたいと思っています。

私の馬鹿な失敗から得た経験の数々、それでも35年間諦めず乗り越えられた力はお客様、お世話になった方々、日々一緒に夢を持って戦う大切な仲間、そして両親、家族のおかげです。本当に感謝いたします。

最後になりましたが、本書の出版にあたりご尽力くださった多くの皆様に、そして最後までお読みいただいた皆様に、心より御礼申し上げます。

２０２１年５月

京ろまんグループ　代表　**郡　史朗**
kori@kyo-roman.com

感謝の言葉

この35年は失敗の連続、それでも生きているのは私の無謀な失敗のたびに周りの助けがあったからと心より感謝しています。

創業時、ひとりのお客様もなく、なんの経営のやり方も知らない状態でスタートした24歳。そこから35年間、私はたくさんのお客様に囲まれ、助けてもらいながら生きて来られました。お客様のおかげで今の京まろんがあり、私が生きていられるのです。感謝してもしきれません。これからもお客様に尽くして尽くして尽くしきる覚悟です。心より感謝です。

創業して4年目の29歳、お金も経験も何もない時、土地詐欺に引っかかり、奈良で店舗を出して再起を図るために1千万円もの保証人になってくれた父。父は裁判所で書記官を務め、厳格な人でした。私とは違う真面目一徹で、私の行動に常にハラハラ、少しのワクワクだったように思います。1998（平成10）年1月12日、69歳没。父の遺言「人は城なり」心より感謝です。

お金はないが借金はある。そんな時に市役所を定年退職した母が奈良の店に手伝いに来てくれました。私が営業に出ている間に公務員だった母が60万円の着物を販売してくれたこともありました。その後、母も自分の商売センスに目覚めたのと困っている息子を助けたい一心で、年間1億円を売るスペシャリストに変身。専務として6年間頑張ってくれました。父を亡くした3年後に癌を患い父の元に。2001（平成13）年12月6日、68歳没。母の遺言「成せばなる成さねばならぬ何事も」心より感謝です。

土地詐欺にあって3千500万円を失い、さらに借金を重ねて2千万円の一括返済が迫った32歳、出会ったばかりのなんの信用もない私に、着物の展示会「御礼市」の提案をしてくださり多大な協力をしていただいた田中種株式会社の田中隆社長。まさかの4千700万円の売上ができ、自分に自信を持つことと着物から一生逃げないこと、このふたつの覚悟をいただきました。心より感謝です。

「郡さん、理念経営ですよ」まだまだ人よりお金を追いかけて商売をしていた41歳。そんな時に声をかけてくださった株式会社きものブレイン岡元松男社長。その言葉を聞いた時に全身に電気を浴びるような衝撃とワクワク感を今でも忘れられません。そのひと言でできた京ろまんの経営理念は未来永劫変わりません。心より感謝です。

39歳の時、同業他社との懇親ツアーで初めて会った株式会社おおみの北川喜一現会長。商売センスとリーダーシップが半端なくあり、一緒に今の株式会社ビジョングループを創設。同業他社が集まり人材育成中心に勉強会を始めました。良き友であり、良きライバルは今も変わりません。そして長きにわたりセミナーの講師を務めて、私たちに人の大切さを教えてくださいました江村耕一先生。心より感謝です。

奈良の目抜き通りに京ろまんの大型店を建てる！　その夢は42歳の時、浅川ハーベストビル株式会社の浅川哲弥社長との出会いで叶いました。お金もない、信用もない、そんな私に浅川社長所有の一等地を貸していただけました。まさかのお気持ちに私の着物人生の覚悟はさらに強くなりました。心より感謝です。

着物の大型チェーン2社の倒産後、京ろまんにもさまざまな問題が起き1億3千万円の赤字が出た46歳。「銀行と戦え」と、借金と正面から向き合うことを教えてくださったドン・キホーテの安田隆夫創業会長。甘えを捨てて全身全霊で再生の覚悟をさせていただきました。復活に近づいた5年後、京ろまんの経営計画発表会で講演していただいたとともに激励のお言葉をたくさん頂戴しました。現在も事あるたびに励ましのお言葉いただいております。心より感謝です。

信販会社との契約もなくなった47歳、このままでは給料も、月末の支払いもかなり厳しくなった時、私の学生時代からの友人のライフ21株式会社の金澤孝社長が多額の保証金を積んで私の本社の1階に飲食店を出してくれました。同じく友人の株式会社エムネットの光岡誠社長にも相談にのってもらいました。両友人の気持ちに心から感謝です。

38歳のころから親しくしていただいているウライ株式会社の裏井紳介会長。京ろまんの株式公開の時、百花設立の時、私を信用して多大なるご協力をいただきました。着物業界が揺れ、京ろまんも大きな赤字を出した時も笑顔で「頑張ってください」と優しいお言葉。今も私の人生とゴルフの師匠として大変お世話になっております。

心から感謝です。

京ろまんの業績が厳しくなり上位市場への上場を断念せざるをえなくなった時、それでも当社の株を持ち続け、その後も支援していただいている株主の皆様。本当にありがとうございます。心より感謝です。

35歳の時から25年間、良い時もドン底の時もさまざまなアドバイスで私たちを正しい方向に導いてくださった税理士法人関西ビジネスの門内仁志先生と高崎薫先生。これからも頼りにしています。心から感謝です。

銀行からの借り入れができなかった51歳、なんとしても百花の設立をやり遂げたい、その一心で東京まで投資のお願いに行った時、人生においても経営においても大先輩であるお二人の社長にお心をいただきました。お陰様で株式会社百花を設立でき、関東エリアを中心とした着物のコンセプトショップを作り、現在も夢を追い続けております。心より感謝です。

ドン・キホーテの安田創業会長に教えていただいた「権限委譲」がなかなか進まず、未来への成長スピードを上げたかった55歳。山地ユナイテッド株式会社の山地章夫社長との出会いで連邦・多角化経営を1年間ご指導いただき「OUR 100 VISION」の基本を教えていただきました。お陰様で京ろまんグループの未来が見えました。心より感謝です。

大型着物チェーン店倒産により着物業界が悪いイメージになった時、1億円を超える赤字を出し先が見えなくなった悪夢の46歳。「京ろまんには夢がない」その発言をしてもついてきてくれた社員の皆さん。さらにこのようなコロナ禍においても現場で日々、お客様に一生懸命笑顔で接してくれている皆さん。また、本社として会社の屋台骨を支えてくれている皆さん。皆さんがいるから私も頑張れる。そんな素敵な仲間がいるから京ろまんはあります。心より感謝です。

そして私の無茶振りにいつもついてきてくれる優秀な役員、幹部の皆さん。会社が潰れそうな時でも一丸となって逃げずに一緒に戦ってくれました。時には緊急合宿し、時には一緒に涙し、時には大声で笑う。京ろまんはそんな力強い役員、幹部に守られ、今があります。誰よりも考え、誰よりも働いて結果を残してくれる有能な役員、幹部、そしてグループ会社の社長の皆さん。これからも相当な無茶振り（笑）をするかもしれませんが、宜しくお願いします。心より感謝です。

会社運営が厳しくなった46歳。「自分の家を担保に入れても大丈夫、史朗ならやれる」と励ましてくれた兄。長く会っていなくても心が通じる唯一の兄弟、三歳年上の大好きな兄、いつまでも元気でいてな。心より感謝です。

最後になりましたが、創業してから35年、ほとんど仕事仕事の毎日。会社が厳しい時を何回も一緒に乗り越えてくれた妻。実は創業メンバーのひとりでした。子どもができてからは家で仕事をしてくれて、娘ふたりを立派に育て上げてくれました。私が仕事で迷ったり困ったりした時、相談したら欲しい答えを返してくれる。失敗ばかりの私を今まで信頼して仕事をさせてくれたことには感謝してもしきれません。また、ほとんど家にいない父を忘れず、優しく素直に育ってくれた娘ふたりにも心より感謝です。それぞれの個性を生かして幸せになってほしいと願うばかりです。

家族がいたから頑張れた。これは真実です。

私はたくさんの素敵な人に囲まれて35年間仕事を続けて来られました。本当に幸せ者です。心より感謝いたします。

ついてる人を
集めること
それこそ
最強集団
なんでもできる

2019年6月、経営計画発表会にて。

京ろまんグループに興味をお持ちの方は、右のQRコードからWEBサイトのお問い合わせフォームでお気軽にお問い合わせください。

企業情報

株式会社 京ろまん 本社	**奈良県奈良市油阪地方町6-4 京ろまんビル4F**	**TEL.0742-27-8400（代）**
・関東本部	神奈川県横浜市中区海岸通4-23 マリンビル503	TEL.045-662-0510（代）
・商品部	京都府京都市下京区五条烏丸西入ル 烏丸五条ビル8F	TEL.075-343-7800（代）
株式会社百花 本社	**神奈川県横浜市中区海岸通4-23 マリンビル503**	**TEL.045-681-0500（代）**
・関西本部	奈良県奈良市油阪地方町6-4 京ろまんビル4F	TEL.0742-27-8400（代）
株式会社KyoDo 本社	**京都府京都市東山区清井町483-1**	**TEL.075-532-0700（代）**
・GION KIMONO 栞座	京都府京都市東山区清井町483-1	TEL.075-532-0700（代）
いい販促株式会社 本社	**奈良県奈良市油阪地方町6-4 京ろまんビル内**	**TEL.0742-23-9600（代）**
・大阪	大阪市中央区南久宝寺町1-3-8 note内	TEL.06-6263-1144（代）

逆風を追い風に変える

諦めない力

京ろまんの失敗と教訓

著者　郡 史朗

2021年6月25日　初版第一刷発行

デザイン　塚原 周三
撮　　影　RAIRA（接写 P17、37、57、63　物撮り P53、91、115）
編　　集　杉本 多恵

協　　力　奥 正章

発 行 者　佐野 裕

発 行 所　トランスワールドジャパン株式会社
〒150-0001
東京都渋谷区神宮前6-25-8　神宮前コーポラス1401/1402
TEL：03-5778-8599　FAX：03-5778-8590

印 刷 所　日経印刷株式会社

ISBN 978-4-86256-315-6